Digitalisierung und Big Data:
Aspekte digitaler Transformation im Gesundheitswesen

Schriften zu Gesundheitsökonomie und Gesundheitsmanagement

Herausgegeben von

Prof. Dr. Manfred Erbsland

und

Prof. Dr. Eveline Häusler

Mit freundlicher Unterstützung
des Förderverein Gesundheitsökonomie
an der Hochschule
Ludwigshafen am Rhein e.V.

Eveline Häusler (Hrsg.)

Digitalisierung und Big Data

Aspekte digitaler Transformation
im Gesundheitswesen

Verlag Wissenschaft & Praxis

Bibliografische Information der Deutschen Nationalbibliothek
Die Deutsche Nationalbibliothek verzeichnet diese Publikation in der Deutschen Nationalbibliografie; detaillierte bibliografische Daten sind im Internet über http://dnb.d-nb.de abrufbar.

ISBN 978-3-89673-750-2

© Verlag Wissenschaft & Praxis
Dr. Brauner GmbH 2018
D-75447 Sternenfels, Nußbaumweg 6
Tel. +49 7045 930093 Fax +49 7045 930094
verlagwp@t-online.de www.verlagwp.de

Alle Rechte vorbehalten

Das Werk einschließlich aller seiner Teile ist urheberrechtlich geschützt. Jede Verwertung außerhalb der engen Grenzen des Urheberrechtsgesetzes ist ohne Zustimmung des Verlages unzulässig und strafbar. Das gilt insbesondere für Vervielfältigungen, Übersetzungen, Mikroverfilmungen und die Einspeicherung und Verarbeitung in elektronischen Systemen.

Druck und Bindung: Esser printSolutions GmbH, Bretten

Vorwort

Digitalisierung gilt als Schlüsseltechnologie für Wirtschaft und Gesellschaft. Hiervon ist der Gesundheitsbereich nicht ausgenommen, wenn auch im Vergleich zu anderen Sektoren eine zeitliche Verzögerung der Entwicklung konstatiert wird (stellvertretend Hahn/Schreiber 2018, S. 321). Der wörtlichen Bedeutung nach meint „... „Digitalisierung" die binäre Repräsentation von Texten, Bildern, Tönen, Filmen sowie Eigenschaften physischer Objekte in Form von aneinandergereihten Sequenzen aus „1" und „0" ..." (Hippmann/Klinger/ Leis 2018, S. 9). Fortschritte im Bereich digitaler Informations- und Kommunikationstechnologien lösen im Verbund mit medizinischer Grundlagenforschung, Entwicklungen u. a. der Medizintechnik und der Biotechnologie sowie der Nutzung von Wearables und gesundheitsbezogenen Apps durch Kranke wie Gesunde[1] Veränderungsprozesse aus, die tief in die Funktionsprinzipien des Gesundheitswesens eingreifen und als disruptiv qualifiziert werden (Woopen, C. zitiert in Krüger-Brand 2016, S. A592). Zudem lassen sie einen „Datenschatz" entstehen, der mittels Big Data-Technologien zu erschließen ist.

Bei der Auseinandersetzung mit der digitalen Transformation im Gesundheitswesen legt dieser Band einen besonderen Schwerpunkt auf die Herausforderungen und strategischen Weichenstellungen, vor denen gesetzliche Krankenkassen stehen. Dabei wird zwei durchaus konträren Sichtweisen Raum gegeben: Auf der einen Seite steht die Erwartung, Digitalisierung ermögliche eine intensivere Einbindung von Krankenkassen in versorgungsbezogene Innovationsthemen und Versorgungsproesse und stärke damit die Position als „Player". Damit verbunden wird die Chance gesehen, neue Tätigkeitsprofile jenseits von Routineaufgaben zu entwickeln und dadurch als Arbeitgeber für junge (und rare) Talente attraktiver zu werden. Auf der anderen Seite wird erwartet, dass sich Krankenkassen in Richtung eines umfassend digitalisierten

---

[1] Soweit in den Beiträgen aus Gründen der Lesbarkeit auf die gleichzeitige Verwendung männlicher und weiblicher Sprachformen verzichtet wird, beziehen sich die Personenbezeichnungen gleichwohl auf Angehörige beider Geschlechter sowie Intersexualität.

Dienstleistungsunternehmens im Sinne einer klassischen Versicherung bewegen.

Eröffnet wird der Band jedoch durch einen Beitrag, der sich kritisch mit der politischen Dabatte zum Thema „Digitalisierung" auseinandersetzt. Unter dem Titel *Der Weg als Ziel? Gedanken zur Instrumentalisierung der „Digitalisierungsdebatte"* kommt Günter Danner zum Ergebnis, dass die politische Diskussion der technischen „Zeitenwende", als die er die Digitalisierung qualifiziert, nicht gerecht werde. Der Begriff Digitalisierung werde bewusst als Projektionsfläche für überschießende Zukunftserwartungen wie -ängste offengehalten, statt die mit dieser Durchbruchsinnovation verbundenen tiefgreifenden wirtschaftlichen wie gesellschaftlichen Veränderungen konkret zu benennen und, wirkungsvoller als bisher, gezielte Maßnahmen voranzutreiben, um die sich bietenden Chancen zu realisieren bzw. den Risiken zu begegnen. Mit Blick auf die EU sieht er die Gefahr, dass unter dem Deckmantel der Digitalisierung eine weitere Harmonisierung, auch der Gesundheitsversorgung, vorangetrieben werden könnte, ohne den „politischen Umweg" über die Rechtsangleichung zu nehmen. Beispielhaft geht er in diesem Zusammenhang auf die Europäische Sozialversicherungsnummer ein. Gleichzeitig warnt Danner davor, sich durch die Diskussion technischer Aspekte den Blick auf die sehr heterogenen Versorgungsrealitäten in den Mitgliedsstaaten verstellen zu lassen.

Anknüpfend an die von Danner beklagte inflationäre und definitorisch unscharfe Verwendung des Terminus „Digitalisierung" übernimmt Karl Poerschke im Beitrag *Big Data im Gesundheitswesen – Abgrenzung und Potentiale* die inhaltliche Bestimmung relevanter Begriffe. Dabei richtet er den Fokus auf die Unterscheidung zwischen Digitalisierung, Big Data, eHealth und weiteren ausgewählten Technologien. Zudem gibt Poerschke einen Überblick über die heterogenen Datenquellen im Gesundheitswesen und clustert Big Data-Anwendungen in acht Felder, die von Gesundheitsmonitoring und Entscheidungsunterstützung im Bereich Diagnostik und Therapie bis zur Betrugsbekämpfung reichen, wobei er für jedes Anwendungsfeld das Potential skizziert.

Stefan Edinger und Matthias Waack plädieren, ganz im Sinne des von Danner geforderten technisch-sachlichen Verständnisses, in ihrem Beitrag *Smart Data und Digitale Transformation in der GKV* dafür, Digitalisierung als Prozess der

Transformation zu verstehen. In ihren Ausführungen stellen sie die in der Literatur wenig beleuchtete Perspektive der Gesetzlichen Krankenkassen in den Mittelpunkt. Mit Bezug zu diesen unterscheiden Edinger und Waack drei relevante Einsatzgebiete digitaler Technologien: Interne Prozesse, Markt und Service sowie Versorgung. Für die beiden Erstgenannten werden beispielhaft konkrete Anwendungen erläutert. So können Systeme der Künstlichen Intelligenz im Zusammenhang mit Prädiktionsalgorithmen als Entscheidungshilfen im Fallmanagement eingesetzt werden. Wie die Autoren herausarbeiten, sind gerade die Chancen der digitalen Transformation bei internen Prozessen und auf dem Feld der Versorgungssteuerung mit entscheidenden strategischen Herausforderungen verbunden. Es stellt sich die Frage, wie Krankenkassen den durch sie geschaffenen Mehrwert langfristig in die „digitale Welt" transferieren und damit ihre Daseinsberechtigung als Akteur zwischen Versicherten und Leistungserbringern sichern können. Edinger und Waack sehen in der intensiveren Einbindung in Innovationsthemen und Versorgungsproesse eine erfolgversprechende strategische Option. Damit verbinden sie auch die Chance, neue Tätigkeitsprofile jenseits von Routineaufgabe zu entwickeln und gegenüber jungen Talenten die Attraktivität als Arbeitgeber zu erhöhen.

Einen Kontrapunkt zur Auffassung von Edinger und Waack, wonach es Krankenkassen infolge der Digitalisierung gelingen könnte, eine stärker versorgungsgestaltende Rolle einzunehmen, setzt Michael Schaaf. In seinem Beitrag *Gesetzliche Krankenkassen und Digitalisierung: Auf dem Weg zu neuen Rollen* entwickelt er drei Thesen zur digitalen Transformation Gesetzlicher Krankenkassen. Er argumentiert, dass die Umwälzungen in erster Linie in den Bereichen Diagnostik und Therapie stattfinden werden, mithin im Feld des medizinischpflegerischen Behandlungsgeschehens. Bestätigt werde dies dadurch, dass die digitalen Strategien Gesetzlicher Krankenkassen bisher vornehmlich die interne Prozessoptimierung und den Kundenservice adressierten. Das Versorgungsmanagement der Kassen sieht er an Gewicht verlieren, da insbesondere chronisch Erkrankte von einer Veränderung der Behandlungsprozesse durch Big Data-Analyse und Künstliche Intelligenz profitieren; eben jene Zielgruppen, die aktuell im Fokus der Versorgungsprogramme der gesetzlichen Krankenkassen stehen. Er sieht die Krankenkassen nicht einen weiteren Schritt auf dem Weg vom Payer zum Player nehmen, sondern sich in Richtung eines umfassend digitalisierten Dienstleistungsunternehmens im Sinne einer klassischen Versicherung bewegen.

Im abschließenden Beitrag *Digitalisierung, Big Data und big To-dos im Gesundheitswesen aus rechtlicher Sicht* vertieft Heinrich Hanika den Themenkomplex, in dem die EU zuletzt eine umfassende rechtliche Normierung vorangebracht hat: den Datenschutz und die Datensicherheit. Damit wird deutlich, dass zumindest in diesem Bereich bereits konkrete Maßnahmen ergriffen wurden, um den Prozess der digitalen Transformation zu gestalten. Handlungsorientiert erarbeitet Hanika einen Aufgabenkatalog, mit dem sich Vorstände und Geschäftsführungen zur Umsetzung der Datenschutz-Grundverordnung zu befassen haben. Er betont die Bedeutung des Datenschutzes für die Akzeptanz in der Bevölkerung, insbesondere wenn es darum geht, Big Data-Technologien im Gesundheitsbereich zu nutzen. Aber auch der Jurist reduziert das Thema nicht auf Compliance mit rechtlichen Bestimmungen, sondern weist auf die strategischen Implikationen für Unternehmen hin.

Der vorliegende Band versammelt Beiträge von den Gesundheitsökonomischen Gesprächen 2017 an der Hochschule Ludwigshafen am Rhein. Die Herausgeberin dankt allen Referenten, die bereit waren, ihre Vorträge zu verschriftlichen und diese zum Teil deutlich zu erweitern. Neu hinzugekommen ist der Beitrag von Michael Schaaf, der eine wichtige Ergänzung mit Blick auf die digitale Transformation von Krankenkassen leistet.

Ohne die Tagungsreihe der Gesundheitsökonomischen Gespräche wäre dieser Band nicht zustande gekommen. Dank gilt deshalb auch Frau Kollegin Elke Raum für die langjährig vertrauensvolle Zusammenarbeit in der wissenschaftlichen Leitung der Tagung sowie dem Team der Hochschule Ludwigshafen, das eine Durchführung erst möglich macht. Stellvertretend genannt seien hier Frau Dipl.-Bw., Dipl.-Sozialökonomin Monika Bergmann und Frau Simone Kuhn. Die Tagungsreihe sowie dieser Band werden durch den Förderverein Gesundheitsökonomie an der Hochschule Ludwigshafen e.V. finanziell gefördert.

Ludwigshafen, im Juli 2018

Eveline Häusler

Literatur

Hahn, H./Schreiber, A. (2018): EHealth: Potenziale der Digitalen Transformation in der Medizin. In: Neugebauer, R. (Hrsg.): Digitalisierung. Schlüsseltechnologien für Wirtschaft und Gesellschaft. Heidelberg. S. 321-346.

Hippmann, S./Klingler, R./Leis, M. (2018): Digitalisierung – Anwendungsfelder und Forschungsziele. In: Neugebauer, R. (Hrsg.): Digitalisierung. Schlüsseltechnologien für Wirtschaft und Gesellschaft. Heidelberg. S. 9-18.

Krüger-Brand, H.E. (2016): Digitale Transformation – Zukunftsfragen. In: Dt. Ärzteblatt. 113(13): A592-594.

Inhalt

GÜNTER DANNER
DER WEG ALS ZIEL? GEDANKEN ZUR INSTRUMENTALISIERUNG
DER „DIGITALISIERUNGSDEBATTE" 13

KARL POERSCHKE
BIG DATA IM GESUNDHEITSWESEN –
ABGRENZUNG UND POTENTIALE 31

STEFAN EDINGER | MATTHIAS WAACK
SMART DATA UND DIGITALE TRANSFORMATION IN DER GKV 59

MICHAEL SCHAAF
GESETZLICHE KRANKENKASSEN UND DIGITALISIERUNG:
AUF DEM WEG ZU NEUEN ROLLEN 83

HEINRICH HANIKA
DIGITALISIERUNG, BIG DATA UND BIG TO-DOS
IM GESUNDHEITSWESEN AUS RECHTLICHER SICHT 101

AUTOREN/HERAUSGEBER 127

Günter Danner

Der Weg als Ziel?
Gedanken zur Instrumentalisierung der „Digitalisierungsdebatte"

1. Einleitung
2. Fortschrittsbewältigung zwischen technischer Größe und Verheißungsbotschaft
3. Sachzwang „Fortschritt", emotionalisierender Trend und „Sprung ins Dunkle"
4. Literatur

Stichwörter: Digitalisierung, ehealth, EU, Europa, Groko, Fortschritt, Verheissungspolitik, Instrumentalisierung Zukunft, Deutschland

Zusammenfassung: Die Digitalisierungsdebatte verläuft subinteressengesteuert und wird politisch der Bedeutung dieser technischen Zeitwende nicht gerecht. Politiker verlieren sich in inhaltsschwachen Phrasen, die Anbieterwelt möchte mit hoher Dringlichkeit Beratung und Ausrüstung verkaufen. Ängstliche befürchten die Gefährdung des Gewohnten. Für sie soll der Staat regeln, stimulieren und verhindern. Dies wird nicht gelingen, da die technisch erlangten Möglichkeiten in Produktion, Disposition, Logistik und Verwaltung analog zu früheren technischen Zäsuren, nur stärker, eingreifen. Eine strategische Bewertung muss den Status, die Zukunft und Risiken bestimmen, ohne zu euphorisieren oder zu dämonisieren. Dazu braucht es klarer Begriffe. Jede Instrumentalisierung ist riskant.

1 Einleitung

Der Tenor zahlloser Überschriften deckt sich nahezu mit dem rasant wachsenden quantitativen Angebot an Informations- oder Verkaufsförderungsveranstaltungen zum Thema „Digitalisierung". In, politisch gesehen, seltener Einigkeit rufen deutsche Blätter der seriösesten Kategorie entweder zum Aufbruch auf oder beklagen den bereits verpassten Abfahrtszeitpunkt des Zuges. So vielfältig wie die vermeintlichen Versäumnisse oder Mangelsektoren sind auch die grundsätzlich nur noch durch „Digitalisierung" überhaupt zu bedienenden Handlungsfelder. „Kanzlerin Angela Merkel lässt keine Gelegenheit aus, die Bedeutung der Digitalisierung zu betonen", meint etwa die „Frankfurter Rundschau" in einem Artikel von Markus Sievers, bezeichnenderweise unter dem Titel „Verwaltung liebt das Papier" (Sievers 2017). Besonders würde dieses Defizit demnach an der „Flüchtlingskrise" deutlich, wo „hierzulande der Austausch von Daten zwischen Behörden vielfach an technischen Hindernissen scheitere"! Immerhin gibt der Verfasser in der Folge auch einen Hinweis auf „den Föderalismus" als mögliche Ursache der Verkomplizierung. Just um diese Zeit sorgt sich die „FAZ", vielleicht etwas näher am Alltag der Bürgerinnen und Bürger, darum, „wie Deutschland den Übergang zur digitalen Medizin verschläft" und befasst sich eingehend mit der nicht eben ruhmreichen Geschichte der elektronischen Patientenkarte/-akte. Geht es bei der Patientenakte – nota bene derzeit eher verstanden als nationale Datensammlung vor dem Hintergrund des bei uns so existierenden Sozialdatenschutzes – auch und gerade um Patientendaten im volldigitalen Zeitalter, so zeigen sich andernorts in „cooler" Zuspitzung Tendenzen zur Simplifizierung. „Digital" sei „first", Bedenken hingegen „second" verkündet der FDP-Frontmann Christian Lindner und verwendet dabei auch zur Untermalung seiner „relaxten Zeitgeistigkeit" die „hippen" „denglischen" Wortkompositionen derjenigen, die eben „grundsätzlich der Zeit voraus" sind (Grau 2017). Auch die politisch wirklich Mächtigen fehlen nicht im Begleitkonzert zu Grenzen und Möglichkeiten technischen Fortschritts: „Europas Mächtige im digitalen Wunderland" überschreibt etwa die „Süddeutsche Zeitung" ihren hymnischen Bericht vom informellen EU-Gipfel in Tallin, dem Wunderland" der EU-Digitalisierung, wo doch der Ministerpräsident Jüri Ratas aus der Sitzung „seines E-Kabinetts" in den EU-Auflauf eilt (Brössler 2017) und – natürlich – alle Esten über eine „elektronische Identitätskarte" verfügen, die der „Schlüssel" sei in „allen Lebenslagen". Dort wenigstens habe „die Digitalisierung" die „estnische Gesellschaft umgekrempelt" und die Einstellung der Menschen „vollständig verändert". Die Steuererklärung sei „in drei Minuten" gemacht. Eine Wunderwelt in Stichpunkten: so gibt es keinen Hinweis auf Besonderheiten des dortigen Einkommensteuersystems. Diese wären bei uns talkshowauslösend.[1] So dient das Großverdiener-Steuerparadies Estland als Fortschrittsbeispiel und ist für „Brüssel" nützlich. Man hat sich hohe Ziele gesteckt. Durchaus umstrittene Bereiche – ePrivacy, E-commerce, Vorschläge zum Europäischen Parlament (Urheberrecht) – spielen dabei eine wichtige technische Rolle. Auch im Europäischen Parlament (EP) gibt es unterschiedliche Meinungen. Anhänger einer stringenten Harmonisierung möglichst vieler Vorschriften und solche, die nationale Besonderheiten und verschiedene Qualitätsgrade örtlicher Rechtsstaatlichkeitsqualität erkennen, sorgen zumindest für Diskussionen.[2] „Digitalisierung" könnte gewisse Standards voraussetzen und somit die weitere Harmonisierung befördern. Die Erlangung der Definitionsmacht ersetzt dabei zunehmend den politischen Umweg über langsamere Rechtsangleichungen. So spielte eine weitgehende Normung auf EU-Ebene eine Rolle und umfasst auch ärztliche Tätigkeit. Freiberuflern droht ein Ähnliches. Es geht um mehr Gleichheit, zumindest in der äußeren Form. Was sich seit Jahren auseinanderentwickelt, bei den Schulden und Sozialstaatsrealitäten geradezu dramatisch, kann in einer nach vorn blickenden Gleichheitsfiktion anders wirken. Dies erklärt die „Interessenkongruenz" von Beratungsverkäufern und Brüsseler Establishment: statt Diskussion vergangener Versäumnisse „Befähigung von übermorgen", Nachfrage und Aufbrüche. Allerdings sorgt das ökonomische Ungleichgewicht in der EU dafür, dass die gegebenen Gefälle nicht mehr zu überbrücken seien dürften. Brüssel, unfähig und nicht mandatiert, diese Lücken zu schließen, ebenso un-

---

[1] Estland kennt eine einheitliche und ungeachtet der Einkommenshöhe non-progressive Einkommenssteuer von 20 Prozent. Das Durchschnittseinkommen betrug im 1. Quartal 2018 rund 1.242.-EUR/brutto monatlich (Deutschland je vollzeitbeschäftigtem Arbeitnehmer in 2017: 3.703.-EUR). (Statistics Estonia 2018 und Statitsta 2018.)

[2] „Euractiv" vom 16.01 2018 zitiert die estnische Liberale EP-Abgeordnete Kaja Kallas: „Jedes Mal, wenn das Ausmaß der Harmonisierung im ursprünglichen Vorschlag der Kommission weiter verwässert wird, entfernen wir uns noch mehr von der eigentlichen Vision der Juncker-Kommission" (Stupp 2018).

fähig oder unwillig, die nach wie vor wachsende Überschuldung der Eurozone sozial-gewichtet makroökonomisch dergestalt anzupacken, dass Entschuldung von EU-Staaten und Produktivitätssteigerung dort zu mehr echter Beschäftigung führen könnten, weicht eher auf Verheissungspolitiken aus. Problemfelder, wie die soziale Wirklichkeit, werden mit abstrakten Denkmodellen, Zukunftsvorstellungen oder gar Leerformeln bedient. Eigenkorrekturen bleiben – auch nach dem Brexit-Referendum – schlichtweg aus. Als neues Großsujet wird der technische Prozess „Digitalisierung" zum Allheilmittel für Missstände. Der Weg wird zum Ziel, Risiken schlicht ausgeblendet. „Schluss mit der Euphorie" fordert Harald Welzer in der Wochenzeitschrift „Die Zeit" und führt aus, dass „wir inzwischen vor allem digital kommunizieren. Das wächst sich zu einer Bedrohung für die Demokratie aus – und die Politik hält still" (Welzer 2017). Welzer erinnert die „vielfach geradezu delirierende Begeisterung über die digitalen Segnungen an eine andere technikgeschichtliche Phase, die finale Lösung aller Energieprobleme, wie sie die „Endlichkeit der fossilen Ressourcen" mit sich brächte." Das „Wunder" von damals hieß nach seiner Meinung „Atom" (Welzer 2017). Die Süddeutsche Zeitung sah konsequenterweise schon vor einem dreiviertel Jahr um den Begriff der „Digitalisierung" einen Kampf der „Skeptiker gegen Visionäre". Darin verweist der Autor auf Erfahrungen der Vergangenheit, wenn es um technische Innovationen ging, deren wirkliches Geheimnis sich der Masse der Zeitgenossen ebenso verschloss, wie sie unfähig waren, Auswirkungen auf die mittlere und fernere Zukunft anders als durch Postulate, Angstszenarien oder Wunderwelten in spe darzustellen (Kuhn 2016). Einfühlsam beschreibt der Verfasser die Kaskade von Herangehensweisen an das Unfassbar-Überwältigende technisch-epochaler Durchbrüche in früheren Zeiten, verbunden mit dem urmenschlichen Bedürfnis, die (eigene) familiäre Zukunft vor dem sich verändernden sozio-ökonomischen Hintergrund „irgendwie" abbilden zu können. Generationen von „Zukunftserklärern" boten sich und ihre Dienste ebenso an, wie Fatalisten und notorische Skeptiker, deren Grundängste durch die neuen Technologien und Möglichkeiten eine Bühne für Selbstinszenierungen bekamen (Kuhn 2016). Weder, so rät der Autor, sollte man „die Digitalisierung" als „bloße Naturgewalt" sehen, noch sollten wir so „oberflächlich" debattieren, wie dies einst und jetzt geschähe. Kuhn fordert eine „ideologiefreie Debatte", vielleicht ein strategischer Schwachpunkt im Zeitalter „digitaler" Informationskultur, die es jedem ermöglich, die eigenen Erkenntnisse – im Spektrum zwischen schlichter „Meinungsbekundung", „fakenews", „Sektierer Unfug" oder „Zweckbotschaft in eigener Sache" – zu verbreiten. Der Definitionsmangel der massiv verwendeten Begriffe, inklusive des Leitmotivs „Digitalisierung" selbst, macht sich negativ bemerkbar. Wo Definitionen fehlen, steht dem „Missverstehen", ja der begrifflichen Selbst- und Fremdtäuschung, Tür und Tor offen. Zudem verstellt dies den Blick auf die kalten technischen Realitäten des Fortschritts.

2 Fortschrittsbewältigung zwischen technischer Größe und Verheißungsbotschaft

Bereits seit einigen Jahren wird die „digitale Revolution" landauf-landab gefeiert. Blickt man zurück, so gibt es vergleichbare Begriffe, die sowohl Tageslosung als auch epochal sinnstiftend sein sollten. Vermutlich sind sie miteinander verwandt, so etwa die „Computerisierung". Angeblich war es um 2002 erstmals möglich, digital mehr Daten zu speichern, als analog (Hilbert/López 2011). Mithin gelang der nahezu komplette Wechsel von analogen zu digitalen Speichermedien in knapp 10 Jahren. So waren um 1994 rund 3 Prozent der weltweiten Speichermedien digital, hingegen 2007 bereits 94 Prozent (Hilbert/López 2011).[3] Die gelegentlich als „Informationsexplosion" bezeichnete Entwicklung fand in kommunikativen Prozessen ein besonders fruchtbares Betätigungsfeld. So sind die Bereiche „Telekommunikation" und „Informationsspeicherkapazitäten" zwischen 1986 und 2007 jährlich zwischen 23 und 28 Prozent gewachsen, was sie vom allgemeinen Weltwirtschaftstrend deutlich abkoppelte und ihre wirtschaftshistorische Besonderheit als „definitorisch" für Epochen charakterisiert (Feemann/Louca 2002). Der Vollständigkeit halber sei kurz beschrieben, was dies beschreibt. Das beginnende „Informationszeitalter" (Information Age) lässt sich zeitlich recht gut fassen:

---

[3] Dazu auch (Schatz/Rössler/Nieland 2002) sowie (Bieber 2002).

„The Information Age is the idea that access to and the control of information is the defining characteristic of this current era in human civilization." (Rouse/Tucci 2018)[4]

Die entwicklungsgeschichtlichen Bestandteile liefern die Autorinnen gleich mit. Über die frühen Entdeckungen des amerikanischen Mathematikers Claude Elwood Shannon (1916-2001), etwa die Anwendung von Erkenntnissen des früheren britischen Mathematikers George Boole (1815-1864) zu logischen Begriffsverknüpfungen, im beginnenden elektronischen Schaltbereich. Shannon gilt vielen als einer, wenn nicht der Entdecker der Informationstheorie, dargelegt in seinem Werk „A Mathematical Theory of Communication" im Jahre 1948. Weitere Etappen der Entwicklung führten abermals aus dem Militärbereich in die zivile Welt. Um 1970 schuf das US-Verteidigungsministerium das erste „Internet", gefolgt von „persönlichen Computern", verfügbar für jeden, gut 10 Jahre später. Fiberoptikverbindungen und Mikroprozessoren beschleunigten die Übertragungen. Das „World Wide Web", definiert als „the universe of network-accessible information, an embodiment of human knowledge" schuf eine neue Kommunikationsrealität (Rouse 2018). Dieser Fortschritt kann keinen Stillstand kennen und wird sich, vermutlich rascher, als heute vorstellbar, fortentwickeln und weltverändernd überall etablieren. Dies umfasst auch Bereiche, in denen Zurückhaltung manchmal dienlich wäre. Die generelle Erwartung, dass (nur) so ein „Quantensprung in der Produktivität" und neue Wachstumsebenen erreichbar sind, beflügelt. Die venezolanische Ökonomin und technische Soziologin Carlota Perez führt dies auf das gewaltige Veränderungspotential bei der Kostenstruktur zurück, die „Quantensprünge" in der Volkswirtschaft auslösten. Faktoren dabei seien: eine nahezu unbegrenzte Angebotsverfügbarkeit sowie die Schlüsseleigenschaft, die Produkte sowohl von Lohnkosten als auch vom Kapitaleinsatz her günstiger herstellen zu können, wobei die qualitative Verbesserung (etwa Fehlerfreiheit) zugleich drastisch erhöht wird. Folgerichtig sieht sie in der digitalen Informations- und Kommunikationstechnologie eine „Allzwecktechnologie", die geeignet sei ein

---

[4] https://searchcio.techtarget.com/ gibt eine gerafft-stringente Herkunftsgeschichte mit zahlreichen technisch-wirtschaftshistorischen Verweisen.

ganzes Wirtschaftssystem epochal zu verändern. Dies entspräche dem Kondratieffschen Zyklus der „fünften Periode" (Perez 1983).[5]

„Digitalisierung" lässt als technische Prozessgröße in der Erwartung viele traditionelle „Besorgungswege" und Verrichtungen rasch obsolet werden. Einen Stillstand kennt diese Technik nicht. Anders als bei vergleichbaren technischen Durchbruchsinnovationen, der Dampfmaschine, der Dampfturbine, dem Verbrennungsmotor u. v. m, verharrt diese Entwicklung kaum noch. Dies beinhaltet auch kurze Halbwertzeiten technischer Neuerungen. Mithin ist die Investition von heute zugleich auch die Absichtserklärung oder Selbstverpflichtung, Schritt halten zu wollen mit dem kommenden Fortschritt. Dies dürfte in der zivilen industriellen Verwendung ähnlich ablaufen, wie in der militärischen Welt, die in Technologiefragen, historisch gesehen, stets vorauseilt.[6] Begreift man nun die „Digitalisierung" als „Ausbau von Infrastruktur" und die „Veränderung von Prozessen", so relativiert sich ganz offenbar einiges der vielstimmigen Begeisterung, ohne die Kraft jener Veränderungen zu leugnen. Als Herr unterschiedlichster Produktions- und Verwaltungsprozesse räumt der Unternehmensgründer Ingmar Hoerr mit den Selbstverkultungsansätzen der gegenwärtigen Debatte auf:

> „Ich kann das Wort „Digitalisierung" nicht mehr hören. Das ist für mich das „Unwort des Jahres". Digitalisierung bedeutet nichts weiter als den Ausbau von Infrastruktur und die Veränderung von Prozessen. Übertragen auf das 19. Jahrhundert

---

[5] C. Perez lehrte seit 2006 „Technologie und sozioökonomische Entwicklung" an der TU Tallinn (sic!).

[6] In der Zeit des großen Flottenwettrüstens zwischen dem Deutschen Reich und Großbritannien, ab etwa 1898, wurde ausschließlich durch erstmalige Verwendung völlig neuer Konstruktionsprinzipien und technischer Ausrüstungsdetails bei einem britischen Prototyp ein technischer Durchbruch erzielt. Die „HMS Dreadnought", die 1906 in Dienst gestellt wurde, machte mit einem Schlag sämtliche Schlachtschiffstypen der Zeit zuvor obsolet, militärisch nahezu wertlos und für ihre Besatzungen zum potentiellen Sarg. Gleichzeitig wurde die Nützlichkeitsphase verkürzt: die „HMS Dreadnought" galt bereits, als Ergebnis des durch sie verschärften technischen Wettrüstens, um 1911 als veraltet. Was 1906 der Royal Navy noch sehr analog gelang, neue Konstruktionsmerkmale, Dampfturbinen und ein besserer Schutz lebenswichtiger Teile, war rund dreieinhalb Jahrzehnte später mit „RADAR" und „ASDIC" immerhin schon im elektronischen Zeitalter angekommen. Heutige „intelligente" Waffensysteme sind ohne kontinuierliche Digitalisierung nicht mehr vorstellbar.

> wäre das vielleicht der Kanalbau gewesen. Dann hätte man
> eine Kanalisierungs-Strategie gebraucht ...." (Dorfs 2017)

Sieht es der erfolgreiche Großunternehmer technisch-sachlich und verweist auf die stringenten historischen Parallelen, so beschreibt das „Kultwort Digitalisierung" eine Methode, keineswegs das Ziel. Logischerweise sind technischer Fortschritt und wettbewerbsbedingte Veränderungen in bislang so anders verlaufenden Prozessen dabei erheblichen Veränderungen unterworfen. Dies ruft zwangsläufig Ängste und Visionen auf den Plan, die rational nachvollziehbare oder gesinnungsbedingte Gefahren aufziehen sehen.[7] Vertreter dieser Richtung treten der laienhaft propagandistischen Feststellung entgegen, dass „Daten der wichtigste Rohstoff des 21. Jahrhunderts seien" (Welzer 2017, S. 2). Durchaus mit hoher Berechtigung verweist der Digitalisierungskritiker auf die Notwendigkeit einer privaten und einer öffentlichen Sphäre der menschlichen Existenz. Dies würde derzeit von vielen – durchaus freiwillig und bewusst, möglicherweise aber wachsend unbewusst und unbemerkt – preisgegeben. Weitungen in den politischen Bereich der demokratischen Wahlkämpfe sind bereits Realität. Das Potential kann gewiss noch wesentlich steigen, etwa durch Zwischenlagerung verknüpfter oder noch nicht zusammengeführter Informationen über Individuen, ja ganze Kollektive einander sonst unbekannter Personen. Schon in der Wahlkampagne 2012 verwendete das Obama-Team als technische Reaktion auf die verheerende Niederlage in den „Midterm-Elections" 2010, zwei Jahre nach seinem triumphalen Sieg in der Präsidentschaftswahl, datenanalytische Direktwerbetechniken statt pauschal-simpler TV-Werbesendungen. Der Weg dorthin führte über eine komplexe Informationsbereitstellung und die intelligente Verknüpfung von unterstellbaren Wählerreaktionen zuvor analysierter Individuen. Was zuerst als neue Prognosetechnik die Niederlage des Obama-Lagers vorhersagte, konnte – mutatis mutandis – in eine Aktivierungsmaschine für geneigte Wähler und Sympathisanten verändert werden (Isenberg 2012). In seiner Digitalisierungskritik bleibt Harald Welzer pessimistisch:

---

[7] Harald Welzer: Wir kommunizieren inzwischen vor allem digital. Das wächst sich zu einer Bedrohung für die Demokratie aus – und die Politik hält still (Welzer 2017).

> „Man muss bei alldem sehen, dass die Erosion der Demokratie durch die Folgen der Digitalisierung kein Thema ist, das sich politisieren lässt" und fährt fort: „Von den Nutzern ist also nicht viel zu erwarten. Umso mehr kommt es darauf an, dass der Staat seiner Verpflichtung zur Sicherung der Demokratie nachkommt." (Welzer 2017)

Es fragt sich, wie ein demokratischer Staat diese Verpflichtung – offenbar gegen den denkbaren Mehrheitswillen seiner demokratischen Bevölkerung – seines Souveräns – dauerhaft bewerkstelligen sollte. Der naheliegende Verweis auf die supranationalen Machpotentiale der „Internetkonzerne" allein, dürfte hier jedenfalls nicht reichen. Möglicherweise entging dem Verfasser auch die in der Politik willkommene Funktion der „Digitalisierungsdebatte" als Ersatz in Zeiten massiver politischer Ratlosigkeit. Hier kann man sich verbal aktionistisch profilieren, sich und andere zu Taten auffordern, Zukunftsbeherrschungsvermögen demonstrieren und erreicht zugleich, dass über unangenehme Gegenwartsprobleme nicht oder zumindest weniger gesprochen wird. Möchte man in einer Zeit auffälliger Lösungsdefizite von Problemen, welche die Wohlfahrt und den sozialen Stauts quo für kommende Generationen zumindest ernstlich bedrohen, also positiv, stimulierend oder gute Stimmung verbreitend daherkommen, so bietet sich der so strapazierte Digitalisierungsbegriff geradezu an. Natürlich nicht so sehr als emotionsloser technischer Sachzwang im permanenten Veränderungsstadium, sondern als epochaler Beginn unter weise-entschlossener politischer Leitung.[8] Dortselbst wird die Feststellung geäußert, dass man „mit Hilfe der Digitalisierung die personalisierte Medizin Realität" werden lassen könnte,[9] nicht erwähnt wird, dass die von interessierten Industriekreisen seit Jahren in Brüssel und an vielen anderen Orten propagierte „Individualisierte Medizin" eher verspricht, als unter Evidenzkriterien nachweist. Der Begriff hieß u. a. früher einmal „cluster medicine", was jedoch weniger „chic" klang, und verspricht „Heilung nach Maßanfertigung auf die Person des/der Patienten/In" als „Durchbruch". Abgesehen davon, dass

---

[8] „Mit digitaler Gesundheit an die Spitze" Bundesforschungsministerin Wanka und Bundesgesundheitsminister Gröhe treiben Digitalisierung im Gesundheitswesen weiter kraftvoll voran" (BMBF 2017).

[9] Ebenda Zitat Bundesforschungsministerin Johanna Wanka.

dieser mögliche pharmakologisch-technische Fortschritt bestens durch eine „head-to head – Study" zum bisherigen Goldstandard seine Überlegenheit und den oft saftigen Mehrpreis zu rechtfertigen hätte, ist der ganze Ansatz nicht eben besonders neu. Ginge es – die Hersteller weisen dies natürlich weit von sich – eher um eine Auseinzelung von kostspieligen Behandlungspfaden, die gerade wegen der „hohen Individualität" keine direkte Kosten-Nutzen-Bewertung im A:B-Vergleich mehr beibringen könnten, wäre der tatsächliche Systemnutzen für ein soziales Sicherungsmodell zumindest aufmerksam zu beforschen.

3 Sachzwang „Fortschritt", emotionalisierender Trend und „Sprung ins Dunkle"

Der technisch-prozessuale Charakter einer Verwendung digitaler Prozesse, wo immer diese einen Mehrwert bringen, dürfte nicht aufzuhalten sein. Von sehr wenigen Bereichen abgesehen, wird dies daher sämtliche Produkterstellung und Dienstleistungserbringung umfassen. Dies bietet Hoffnungen auf eine wesentliche Produktivitätssteigerung von Standorten, die – wie der unsrige – im weltweiten Wettbewerb infolge hoher Kosten und umfangreicher Regelungen zu den Verlierern zählen könnten. Vermutlich wird die Industrie Vorreiter dieser Entwicklung bleiben und die öffentliche Verwaltung allenfalls langsam und durch mehrstufige politische Filter daran Anteil haben. Dies ist so verkehrt nicht. Gerade im Verhältnis des einzelnen zum Staat und seinen zahlreichen Verästelungen ist die Wahrung der Privatsphäre und der nicht unumschränkten Verknüpfbarkeit bereits verfügbarer Informationen im historischen Verständnis durchaus hinnehmbar. Die vorhandenen Unterschiede zwischen den EU-Gesellschaften sind dabei mannigfaltig: die schwedische Staatsbürgernummerierung mit ihrer einheitlichen Schlüsselfunktion in sämtlichen öffentlichen und privatrechtlichen Bereichen wäre derzeit in Deutschland aus gutem

Grund nicht willkommen.[10] Hier besteht, bei wesentlich weniger Grunddiskretion der schwedischen Gesellschaft, etwa zu Einkommen oder Besitz, die man online über andere erfahren kann, ein Privatsphärenpotential bei uns, das es zu bewahren gilt. Entsprechend kritisch sind dann auch die Ansätze der EU zur „Europäischen Sozialversicherungsnummer" zu bewerten, die derzeit gemeinsam mit der EU Arbeitsmarktbehörde von Brüssel betrieben wird. Was als „Erleichterung für 1,7 Millionen Grenzgänger" eher noch einer sehr kleinen Minderheit einen Teilnutzen bringen könnte – sie pendeln erfahrungsgemäß zwischen zwei ziemlich konstanten Sozialwelten, die ihnen erhebliche Sonderrechte einräumen, wird schon den „16 Millionen Europäerinnen und Europäern die in einem Mitgliedstaat leben, dessen Nationalität sie nicht besitzen" kaum noch irgendwelchen Nutzen liefern. Sie sind, so nicht auf dem „grauen Arbeitsmarkt" aktiv und erst gar nicht erfasst, üblicherweise im Sozial-, Fiskal- und Arbeitsmarktsystem ihres Aufenthaltsstaates fest verwurzelt. Angeblich sollen sie via der neuen EU Behörde „problemlos auf Informationen zugreifen können und brauchen Gewissheit über ihre Rechte und Möglichkeiten im In- und Ausland" (EU Kommission 2017). Dies kann nicht überzeugen: entweder die EU-Bürger befinden sich in einem Mitgliedstaat mit funktionierender Sozialverwaltung und werden durch diesen auf der Basis des geltenden nationalen und Europarechts informiert, oder sie leben in einem EU-Staat, dessen soziale Realität dies nicht mehr vollumfänglich zulässt. Der Mehrwert einer neuen EU-Behörde erschließt sich daraus nicht. Die mit diesen Interessen verknüpfe Forderung, dass „die nationalen Behörden nahtlos zusammenarbeiten" müssten wäre ein administrativer Gemeinplatz, wenn nicht im Hintergrund, gerade am Arbeitsmarkt und bei der Arbeitslosigkeitsversicherung ein überschuldungsbedingtes finanzielles Dilemma etlicher Mitgliedstaaten bestünde, das dort wohl aus Eigenmitteln niemals wird behoben werden können. Führte die neue EU-Behörde, auch auf längeren Umwegen, in eine die Sozialstaatsfinanzierung berührende Ausweitung der Transferunion, wäre Gefahr im Verzug. Über kurz oder lang wären von den überschuldeten und nicht aus eigener Kraft wachstumsfähigen Eurostaaten auch Hilfswünsche für andere Sozialwelten, Ge-

---

10 Die „Personnummer" erschließt das gesamte nach außen wirkende Spektrum individuellen Handelns, vom online-Kauf, über die Krankenbehandlung in der Poliklinik, die elektronisch verordnete Medikation in der Apotheke, die Hundesteuer, Jagd- und Waffenlizenzen sowie den mobilen oder immobilen Besitz.

sundheit oder Alterssicherung, zu erwarten. Die Popularität der EU, in vielen der Krisenstaaten als Schöpfer der „Austeritätspolitik" verdammt, könnte durch Erschließung von zusätzlichen sozialen Mitteln im Umverteilungsweg unter Umständen gewinnen. Auch vor diesem Hintergrund sind Initiativen zur Vereinheitlichung der Versichertenverwaltung im Wege „europäisch" wirksamer Kenngrößen – der geplanten EU-Sozialversicherungsnummer beispielsweise – kritisch zu betrachten. Sie sollten in jedem Fall die eindeutige nationale Verantwortung nicht berühren. Auch als möglicher „Schlüssel" zu Datenbeständen, in extremis gar verknüpft mit Gesundheitsdaten oder – dereinst – Ergebnissen einer „prädikativen" Medizin – wären hier Zweifel angebracht. „EU-Europa" soll „mit der Digitalisierung vorangebracht werden", der „digitale Binnenmarkt" gilt vielen als Born für eine „bessere Zukunft". Allerdings werden die Postulate, vom industriellen Mehrwert einmal abgesehen, selten genau definiert und bleiben weitgehend verschwommen (Bundesregierung 2017). Klar ist, dass auch im personellen Verwaltungsbereich bei uns gegenwärtig kaum Aussagen über die Auswirkungen der Ausweitung von Dunkelverarbeitung auf künftigen Personalbedarf gemacht werden können. Naheliegend also, dass dort, wo eher besonders stabile Arbeitsverhältnisse begründet werden, die Befristung bei Neueinstellungen an Bedeutung gewinnen wird (Walwei 2016). Die gesellschaftliche Vorbereitung auf die neue Arbeitsmarktwelt ist eher unzureichend. Sie wäre, neben Bildungspolitik, und regionaler technischer Verfügbarmachung, etwa im ländlichen Raum, eine politische Bringschuld. Weder Euphorie noch Larmoyanz bringen uns dabei weiter. Manche Erkenntnis dürfte wehtun. Proportional zum allgemeinen Qualifikationsniveau des betroffenen Arbeitnehmers dürfte sich dessen Arbeitsmarktwert entwickeln.[11] Bleibt als jederzeit emotionalisierungsfähiges Fragezeichen der Bereich der „Datensicherheit" bzw. die Wahrscheinlichkeit des Ausbleibens eines die Datenverarbeitung weltweit beeinträchtigenden „GAUs". Dieses Problem ist vorwiegend technisch-kriminologischer Art, allenfalls ergänzt um die wachsende Wahrscheinlichkeit von geheimdienstlich-professionalisierten „Stellvertreterkriegen" im Cybermilieu (Zetter 2014). Damit wären die Privatpersonen und „normalen" Unternehmungen kommerziell verfügbaren Schutz-

---

[11] Der rasante Personalabbau bei Banken steht nicht nur in Verbindung mit der Banken- und Schuldenkrise ab 2007. Online Vermögensverwaltung, auch bei bescheidenem Besitz, ist für die Institute billiger, als örtliche Präsenz.

techniken wohl weitgehend ausgeschaltet. Die bei uns bislang nicht erlebte Realität eines mehrwöchigen Internetzusammenbruches bzw. hocheffizienter Schadsoftware in Schlüsselbereichen mit Lahmlegung ganzer Sektoren, könnte eine digitalaffine Gesellschaft rasch ins Wanken bringen. „Fukushima" hat deutlich gemacht, wie eine schon damals sehr kritisch hinterfragte Technik einen bei uns politisch und ökonomisch wirksamen irreparablen Imageschaden erlitt, von dem sie sich kaum mehr erholen dürfte, selbst wenn die unterstellte oder faktische „Bedrohung" durch vorhandene Kernkraftanlagen in Europa seither kaum abgenommen hat. Auch „abgeschaltete" Stationen bleiben „nuklear", von den unverändert verwendeten und seither neu geplanten Kraftwerken in anderen EU-Staaten einmal abgesehen. Kein technischer Fortschritt ohne zusätzliche Risiken. Die Gesellschaft muss sich darüber bewusst sein und – wo möglich – geeignete Abwehrmittel bereitstellen. Cyberattacken waren und sind immerhin auch auf höchster EU-Ebene ein Thema. Ob jeder, der heute eine Meinung zum Thema hat, hier genug weiß, bleibt unsicher. Die neue Technologie kann und sollte nicht „gestoppt" werden, selbst wenn dies jemand tatsächlich vermöchte. Allerdings verdiente sie seriösere Befassung als Prozess und nicht als sinnersetzendes Geschehen an sich. Gelegentliche Hymnen aus der Politik werden sie ebenso wenig beeinflussen, wie eine nostalgische Dämonisierung sie verhindern könnte. Versorgungsgefälle beim Internetzugang sind kein deutsches Problem. Auch in der schwedischen Kommune „Söderköping", wie in vielen anderen, warten die dort lebenden Menschen trotz der unterschriftlich fixierten Bereitschaft, rund 2.000 EUR pro Haushalt selbst aufzuwenden seit vielen Jahren auf einen sichtbaren Fortschritt beim Glasfaserkabel.[12] Abgesehen von der privaten Investition, die vielleicht etliche ausschließt, taugen politisch direkt steuerbare Verbesserungen und Investitionen mehr für die Zukunftsbewältigung, als manche verpflichtungsfreien Elogen. Nicht von ungefähr bestätigt sich Walter Hesselbachs Auffassung:

---

[12] Söderköpings Kommun experimentiert seit Jahren mit einem „public-Private Mix" zu Kabelanschluss-Lieferanten. Die Stadt selbst wäre versorgt, der ländliche Raum hat uralte Breitbandkabel des Telefonnetzes. Im Großen möchte die EU und sie tragende nationale Politik „korrekt" eine „rosige Zukunft" vermelden, um z.B. über die beständig wachsenden Eurozonen-Verbindlichkeiten nicht reden zu müssen.

"Zukunft ist die Zeit, von der man spricht, wenn man in der Gegenwart mit einem Problem nicht fertig wird."[13]

Im sozialen Gesundheitswesen sollte der digitale Fortschritt eine Chance erhalten, Bestehendes zu verbessern. Dabei sind sowohl Entschlusskraft und unternehmerischer Mut gefordert, wie berechtigterweise zur Bedachtsamkeit aufgerufen wird. Keinesfalls kann digitaler Fortschritt Mängel in der primären Versorgungsbewirkung kompensieren. Wo das soziale System also heute nicht funktioniert oder von Schattenwirtschaft und Mangelsteuerung geprägt ist, sollte man sich davon keine Verbesserungen für Patienten versprechen. Jede Demystifizierung des derzeit instrumentalisierten Zukunftsthemas „Digitalisierung" wird durch geeignete Definitionen dessen, was man darunter versteht, verstärkt. Als schwammiges „Eldorado Thema" einer unscharfen Zukunft hingegen, wird es entwertet und in seinen Folgen falsch eingeschätzt, positiv, wie negativ. Erste Anzeichen dafür zeigen sich im Groko-Vertrag: ein „Rechtsanspruch" auf „schnellen Internetzugang" für einen Zeitpunkt in sieben Jahren statt mutiger Investitionen hier und jetzt. Zukunftsbeherrschung sieht, auch im Versuchsstadium, anders aus.

---

[13] Walter Hesselbach (1915-1993) Bankmanager, Gewerkschafter und Kommunalpolitiker.

4 Literatur

Bieber, Ch. (2002): Digitaler Strukturwandel der Öffentlichkeit? In: Schatz, Heribert/Rössler, Patrick/Nieland, Jörg-Uwe (Hrsg.): Politische Akteure in der Mediendemokratie. Wiesbaden. S. 113-127.

Brössler, D. (2017): Luft nach oben. Bericht vom Digital-Gipfel in Estland. In: Süddeutsche Zeitung vom 29.09.2017.

BMBF – Bundesministerium für Bildung und Forschung (2017): Mit digitaler Gesundheit an die Spitze. Pressemitteilung. 062/2017 vom 12.06.2017. (Online) https://www.bmbf.de/ (18.02.2018).

Bundesregierung – Presse- und Informationsamt (2017): EU-Digitalgipfel in Tallinn. Mit Digitalisierung Europa voranbringen. Die Bundesregierung 29.09.2017. (Online) https://www.bundesregierung.de (18.02.2018).

Dorfs, J. (2017): Digitalisierung ist das Unwort des Jahres. Interview mit Ingmar Hoerr. Stuttgarter-Zeitung.de 27.08.2017. (Online) https://www.stuttgarter-zeitung.de (18.02.2018).

EU Kommission (2017): Commission launches public consultation on a European Labour Authority, as well as a European Social Security Number. European Commission – Daily News 27.11.2017. (Online) http://europa.eu/rapid/press-release_MEX-17-4970_en.htm (18.02.2018).

Freeman, Ch./Louçã, F. (2002): As Time Goes By: From the Industrial Revolutions to the Information Revolution. Oxford University Press.

Grau, A. (2017): Kolumne Grauzone: Keine Bedenken und leider auch kein Denken. In: Cicero vom 26.08.2017.

Hilbert, M./López, P. (2011): The World's Technological Capacity to Store, Communicate, and Compute Information. In: Science. Vol. 332 (6025): 60-65.

Isenberg, S. (2012): Intelligent Machines: How Obama's Team Used Big Data to Rally Voters. MIT Technology Review 19.12.2012. (Online) https://www.technologyreview.com/ (18.02.2018).

Kuhn, J. (2016): Digitaler Wandel: Kampf der Skeptiker gegen Visionäre. In: Süddeutsche Zeitung vom 27.05.2016.

Perez, C. (1983): Structural change and assimilation of new technologies in the economic and social systems. In: Futures. Vol. 15 (4): 357-375. Archiviert in Englischer Sprache durch Wayback Machine. San Francisco. August 2011.

Rouse, M. (2018): W3C (World Wide Web Consortium). (Online) https://whatis.techtarget.com/definition/W3C-World-Wide-Web-Consortium (18.02.2018).

Rouse, M./Tucci, L. (2018): Definition: Information Age. (Online) https://searchcio.techtarget.com/definition/Information-Age (18.02.2018).

Schatz, H./Rössler, P./Nieland, J.-U. (2002): Politische Akteure in der Mediendemokratie – Einführung in die Thematik und Überblick. In: Schatz, Heribert/Rössler, Patrick/Nieland, Jörg-Uwe (Hrsg.): Politische Akteure in der Mediendemokratie. Wiesbaden. S. 11-17.

Sievers, M. (2017): Verwaltung liebt das Papier. Frankfurter Rundschau online 13.07.2017. (Online) www.fr.de (18.02.2018).

Statista (2018): Durchschnittlicher Bruttomonatsverdienst von Arbeitnehmern in Deutschland bis 2017. (Online) https://de.statista.com/ (29.06.2018).

Statistics Estonia (2018): Economy/Wages and salaries and labour costs. 29 May 2018 – new realease no59. (Online) https://www.stat.ee/news-release-2018-059 (29.06.2018).

Stupp, C. (2018): Ambitionierte Kommission will den digitalen Binnenmarkt 2018 vollenden. Euractiv.com. 15.01.2018. (Online) www.euractiv.com (18.02.2018).

Walwei, U. (2016): Konsequenzen der Digitalisierung für strukturelle Arbeitsmarktprobleme: Chancen und Risiken. In: Zeitschrift für Sozialreform/Journal of Social Policy Research. Band 62 (4): 357-382.

Welzer, H. (2017): Digitalisierung: Schluss mit der Euphorie! In: Die Zeit vom 18.05.2017.

Zetter, K. (2014): Countdown to Zero Day by Kim Zetter. Stuxnet and the Launch of the World's First Digital Weapon. Crown Publishers.

Karl Poerschke

Big Data im Gesundheitswesen – Abgrenzung und Potentiale

1. Einleitung
2. Definitorische Abgrenzung relevanter Begriffe des digitalen Gesundheitswesens
3. Potentiale und Herausforderungen im Gesundheitswesen
4. Ausblick
5. Literatur

Stichwörter: Big Data, eHealth, digitales Gesundheitswesen, mHealth, vHealth, aHealth, Anwendungsbeispiele Big Data, Herausforderungen Big Data.

Zusammenfassung: Die Digitalisierung wird das Gesundheitswesen verändern. Bereits heute kommen Digitaltechnologien in vielfältigen gesundheitsbezogenen Umgebungen zum Einsatz. Gleichwohl befindet sich das Gesundheitswesen, wie auch die Gesellschaft insgesamt, noch am Anfang dieser Entwicklung. Die Arbeit legt daher eine Grundlage zur definitorischen Einordnung einer der digitalen Schlüsseltechnologien – Big Data. Big Data ist die qualitativ hochwertige und schnelle Aggregation, Analyse und Auswertung großer unstrukturierter Daten und grenzt sich dadurch sowohl von anderen Technologien als auch von eHealth ab. Darüber hinaus werden acht mögliche Anwendungsfelder von Big Data skizziert, Limitationen ausgeführt und relevante Herausforderungen in der Verbreitung von Big Data deutlich gemacht.

1 Einleitung[1]

Die Digitalisierung verändert sämtliche Lebensbereiche. Die Auswirkungen der voranschreitenden Vernetzung der Weltbevölkerung durch digitale Kommunikationsplattformen sowie Diskussionen über autonomes Fahren oder Künstliche Intelligenz sind nur einige Ansatzpunkte des bereits heute beobachtbaren rasanten Wechselspiels von technologischer und gesellschaftlicher Entwicklung. Auch die Zukunft des deutschen Gesundheitswesens ist eng mit den Potentialen und Herausforderungen der zunehmenden Digitalisierung verbunden.

In Debatten über die Digitalisierung sind häufig zwei Phänomene zu beobachten:

Zum einen wird der Begriff Digitalisierung inflationär und definitorisch unscharf verwendet. Der Begriff dient damit praktisch als Sammelbegriff, in dem sich das Spannungsverhältnis bündelt zwischen – einerseits – der Unsicherheit künftiger Entwicklungen und – andererseits – der Gewissheit, dass es zu erheblichen Veränderungen kommen wird, auch wenn diese noch nicht spezifiziert werden können. Diese Unsicherheit und noch nicht konkret zu fassende Gewissheit wirken sich auch auf die uneinheitliche und sich überschneidende Verwendung eigentlich disjunkter Begriffe wie eHealth, Big Data, Künstliche Intelligenz, Digitalisierung des Gesundheitswesens etc. aus.

Zum anderen werden Digitalisierungsinitiativen bisweilen skeptisch gesehen (Burkhart/Grabmeier 2017, S. 260). Die durchaus notwendige Debatte zu Risiken der Digitalisierung oder bestehenden Hemmnissen einer breiteren und schnelleren digitalen Transformation des Gesundheitswesens, insbesondere mit Blick auf hohe Investitionssummen oder fehlende Digitalkompetenzen, können einen ergebnisoffenen Austausch über die Potentiale einer Digitaltechnologie verlangsamen (Böhm/Müller/Krcmar/Welpe 2018, S. 52f.).

---

[1] Der Beitrag basiert zu großen Teilen auf der Studie zur Weiterentwicklung der eHealth-Strategie durch Strategy& (Part of the PwC Network), welche im Auftrag des Bundesministeriums für Gesundheit 2016 erstellt wurde.

Vor diesem Hintergrund hat der Beitrag zwei Ziele:

1. Definitorische Abgrenzung relevanter Begriffe im Gesundheitswesen. Der Fokus liegt auf der Unterscheidung von eHealth und Big Data sowie weiterer ausgewählter Technologien.
2. Anhand verschiedener Anwendungsmöglichkeiten soll das Potential von Big Data im Gesundheitswesen aufgezeigt werden. In diesem Zusammenhang wird auch auf Limitationen und ausgewählte Herausforderungen in der Anwendung und Verbreitung von Big Data eingegangen.

2 Definitorische Abgrenzung relevanter Begriffe des digitalen Gesundheitswesens

2.1 Definition Big Data im Gesundheitswesen

Der Begriff Big Data („große Datenmengen") lädt zu Missverständnissen ein. Big Data im Gesundheitswesen meint nicht nur die Analyse großer Datenmengen, sondern beschreibt die *qualitativ hochwertige* und *schnelle Aggregation, Analyse und Auswertung großer unstrukturierter* Daten mit Gesundheitsbezug. Um die Besonderheit und Tragweite der Technologie zu adressieren, hilft es, zwei Konkretisierungen vorzunehmen:

1. Big Data umfasst nicht nur die Analyse, sondern auch die Aggregation und Auswertung der Daten („3 A").
2. Darüber hinaus lässt sich Big Data grundsätzlich durch vier maßgebliche Faktoren („4 V") beschreiben: Volume (Datenmenge), Velocity (Geschwindigkeit), Variety (Datenvielfalt)[2] und – besonders relevant im medizinischen Kontext – Veracity (Richtigkeit der Daten) (PwC Strategy& 2016, S. 54).

---

[2] Diese drei Kriterien werden häufig als die „3 V" beschrieben (Volume, Variety und Velocity).

Volume: „Die Quantität der generierten Daten ist grundlegend für die Bestimmung des Werts bzw. des Potentials möglicher Datenanalysen und stellt ein wesentliches Kriterium für die Klassifizierung von Big Data-Anwendungen dar." (PwC Strategy& 2016, S. 54). Die globale Datenmenge erhöht sich rasant. Während die Menschheit im Jahr 2011 1,8 Zettabyte (1 Trillion Bytes entsprechen 1 Zettabyte (ZB)) an Daten generierte, verachtfachte sich die Datenmenge bis 2016 und wird sich bis 2025 noch einmal auf ca. 163 ZB verzehnfachen (Statista 2017). Allein im Jahr 2013 betrug das weltweit aggregierte gesundheitsbezogene Datenvolumen ca. 150 Exabytes (IDC 2014). Unabhängig von der Validität solcher Prognosen, verdeutlichen sie einen Trend und unterstreichen dadurch die Relevanz von Verfahren, welche derartige Datenmengen aggregieren, analysieren und auswerten können.

Variety: Die Daten liegen häufig unstrukturiert vor, das heißt in Form von Papier, Freitexten, Videos, Sprachmemos und dergleichen. Auch im Gesundheitswesen erfolgt der Großteil der Kommunikation über unstrukturierte Daten, bspw. über handgeschriebene Rezepte, Arztbriefe, Arztmemos, E-Mails, Social-Media-Einträge wie Posts oder Video-Blogs (Vlogs) (z.B. über Nebenwirkungen von Medikamenten oder Bewertungen von medizinischem Fachpersonal). Dies verdeutlicht sowohl die Notwendigkeit als auch die Herausforderung, die in einer der Analyse zu Grunde liegenden Aggregation bzw. Strukturierung dieser großen unstrukturierten Datenmengen liegt.

Velocity: Ein weiterer zentraler Aspekt umfasst die Zeitdimension der Aggregation, Analyse und Auswertung von Daten. Mittels In-Memory Technologien können Verarbeitungs- und Zugriffszeiten erheblich gesenkt werden. Dies ermöglicht eine sehr viel schnellere bis Echtzeit-Aggregation, -Analyse und -Auswertung von Daten. Diese Vorteile sind im Gesundheitswesen von besonderer Bedeutung. Ärzte können durch Echtzeit-Analysen und Echtzeit-Auswertungen beispielsweise Befunde noch während der initialen Diagnose angezeigt bekommen.

Veracity: Insbesondere im medizinischen Umfeld ist die qualitativ hochwertige Bearbeitung der Daten essentiell. Wichtig dabei ist das Verständnis, nach dem Daten per se nicht gut oder schlecht, qualitativ mangelhaft oder hochwertig sind. Daten sind bzw. ein Datenpunkt ist neutral.[3] Entscheidend ist die richtige, das heißt eine sich im Rahmen der Limitationen eines Datensatzes befindliche, Fragestellung sowie der richtige Algorithmus. Nur eine qualitativ hochwertige Bearbeitung von Daten kann valide und zuverlässige Aussagen über medizinische Vorhersagen, Diagnosen oder Therapien treffen.

Neben Big Data gilt es für das begriffliche Verständnis der Digitalisierung des Gesundheitswesens drei weitere Termini zu verstehen und voneinander abzugrenzen: 1) Was heißt Digitalisierung des Gesundheitswesens? 2) Was heißt eHealth? 3) Was sind Technologien im Gesundheitswesen? Diese Abgrenzungen werden in den folgenden Abschnitten vorgenommen.

2.2 Abgrenzung zu eHealth und weiteren Technologien

2.2.1 Definition Digitalisierung des Gesundheitswesen

„Digitalisierung im Gesundheitswesen umfasst sämtliche Veränderungen und Innovationen im Bereich der Gesundheitsversorgung oder von Geschäftsmodellen sowie Effizienzsteigerungen interner Prozesse und die Vernetzung von Akteuren durch den Einsatz von Informations- und Kommunikationstechnologie (IKT) im Gesundheitswesen" (PwC Strategy& 2016, S. 26). In Abgrenzung zu den nachfolgenden gesundheitsspezifischen Definitionen fallen unter diese ganz allgemeine Beschreibung ebenso Anwendungen, welche lediglich mittelbar mit den originären Aufgaben der Gesundheitsversorgung verbunden sind. So würden bspw. die digitale Abwicklung von Lohnsteueranmeldungen und Umsatzsteuer-Voranmeldungen durch Arbeitgeber des Gesundheitswesens über das Elster-System oder digitale Bauplanungen bei Krankenhausbauten mittels der BIM-Methode[4] aufgrund der indirekten Auswirkungen auf die Gesundheitsversorgung in diese Definition eingeschlossen sein.

---

[3] Gleichwohl unbestritten ist die Tatsache, dass Erstellung und Messung von Datenpunkten Ergebnis vielfältigster komplexer sozialer und technologischer Prozesse sind (Gitelman/Jackson 2013, S. 2ff.).

[4] Building Information Modeling (BMI) ist eine moderne softwarebasierte Planungsmethode, die Kosten-, Mengen- und Zeitpläne simuliert, prüft und, falls nötig, Alternativen vorschlägt (BMWI 2015, S. 24).

2.2.2 Definition eHealth

eHealth beschreibt den gesundheitsbezogenen Einsatz von IKT im Gesundheitswesen mit dem Ziel

1. Menschen im Gesundheitswesen miteinander zu vernetzen oder
2. Menschen und Technologien im Gesundheitswesen zu vernetzen.

Vom Begriff eHealth wird jegliches Interface (Benutzeroberfläche) umfasst, welches z. B. mittels Apps, Online-Plattformen oder – perspektivisch – virtuellen wie erweiterten („augmented") Realitäten[5] oder 3D-Hologrammen gesundheitsbezogene Dienstleistungen vollbringt und dafür Menschen miteinander verbindet oder technologische Erkenntnisse für den Menschen, das heißt den Anwender, nutzbar macht. Anwendungsbeispiele reichen von Jobportalen für medizinisches Fachpersonal über Telekonsile und telemedizinische Beratung bis zu automatisierten sensorbasierten Warnsignalen von Sensoren und virtuellen Lernumfeldern in der medizinischen Ausbildung. Menschen und Technologien liefern demnach digitale Datenpunkte, welche zur Vernetzung verwendet werden.

eHealth ist endgeräteübergreifend verwendbar. Demgegenüber beschreibt der mittlerweile gängige Begriff mHealth auch die Vernetzung von Menschen und Technologie, allerdings ausschließlich mittels mobiler Endgeräte. mHealth kann daher ohne weiteres unter eHealth subsumiert werden. Gleiches gilt für die Verwendung von Endgeräten wie Head-Mounted-Displays (HMDs oder „Virtual Reality Brillen") zur Ermöglichung virtueller Realitäten („vHealth") oder erweiterter Realitäten („aHealth") im Gesundheitswesen.

In Abgrenzung zu Big Data, als einer von vielen im Gesundheitswesen verwendeten Technologien, lässt sich demnach festhalten: eHealth-Anwendungen stellen häufig die Basis für Big Data dar, da diese der Datenerhebung

---

[5] Virtuelle Realitäten (VR) stellten interaktive, immersive, multi-sensorische, benutzerzentrierte, dreidimensionale und technologieübergreifende Welten dar (Cruz-Neira 1993). Bei erweiterten Realitäten werden dagegen keine gänzlich neuen Welten gebaut, sondern Bilder, Töne, Videos und andere Affekte in die reale Umwelt eingefügt (Burdea & Coiffet 2003). Diese Interfaces eröffnen im Gesundheitswesen völlig neue Anwendungsspielräume (z. B. in der Assistenz von Fachpersonal bei Operationen oder Pflegesituationen, in der Therapie von Phobien oder anderweitiger Krankheiten).

dienen bzw. die Datenerhebung vereinfachen. Gleichsam bilden aggregierte Ergebnisse aus Big Data-Analysen oftmals wiederum relevante Grundlagen für eHealth-Anwendungen (Abbildung 1). Diese Unterscheidung ist aus zwei Gründen hilfreich:

1. Sie macht deutlich, dass nicht alles, was eHealth ist auch Big Data ist, und umgekehrt.
2. Sie unterstreicht die Notwendigkeit, die Funktionsweise von Big Data Analysen von deren Anwendung zu trennen, insbesondere, wenn die technischen Potentiale und Herausforderungen von Big Data diskutiert werden.

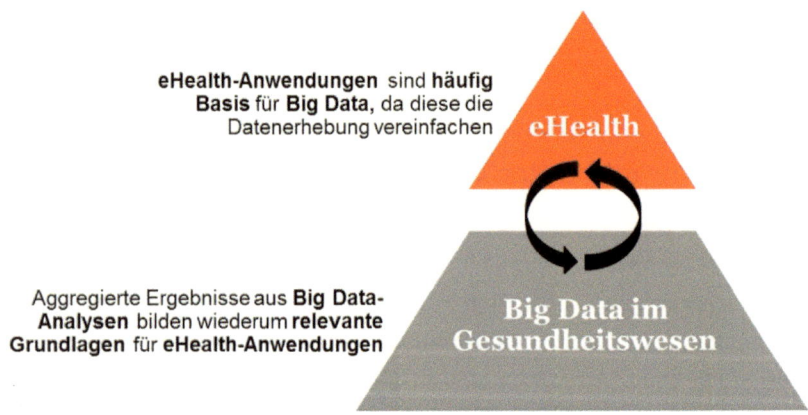

Abb. 1: Abgrenzung von eHealth und Big Data im Gesundheitswesen. Quelle: PwC Strategy& 2016, S. 15.

2.2.3 Definition weiterer Technologien im digitalen Gesundheitswesen

eHealth vernetzt allerdings nicht nur Big Data, sondern ebenso eine Vielzahl weiterer Technologien, welche im Gesundheitswesen zum Einsatz kommen. Viele dieser Technologien basieren nicht zwangsläufig auf großen unstrukturierten Datenmengen und sind daher strikt von Big Data abzugrenzen. Um die präzise und überschneidungsfreie Verwendung relevanter Begriffe zu unterstützen, wird im Folgenden ein definitorisches Angebot zur Unterscheidung verschiedener ausgewählter Technologien mit gesundheitsbezogenen Einsatzmöglichkeiten unterbreitet. Gleichwohl sei an dieser Stelle deutlich gemacht, dass diese Technologien untereinander teils hohe funktionale Überschneidungen aufweisen.[6] Zunächst ist es allerdings hilfreich und notwendig, die Funktion der Endgeräte anzusprechen. Endgeräte bzw. konkreter die Hardware in den Endgeräten (z.B. Prozessoren, Arbeitsspeicher, Gehäuse) beschreibt die technologische Ausgestaltung der physisch determinierten Komponenten datenverarbeitender Systeme (z.B. Computer, Smartphones, HMDs). Grundlegend gilt der einfache Satz: „Keine Software ohne Hardware". Demnach kann Software immer nur nach den Spielregeln, ergo im Rahmen, der technologischen Hardware-Möglichkeiten eingesetzt werden. Aus diesem Grund ist es hilfreich, zwischen Technologien zu unterscheiden, welche die grundlegenden Funktionalitäten von bestimmten (Software-)Programmen beschreiben und solchen, die auf eigener Hardware fußen. Zur ersten Kategorie gehört neben Big Data u.a. Künstliche Intelligenz, zur letzteren u.a. Sensorik & Aktorik, Robotik oder 3D-Druck.

Künstliche Intelligenz

Einer der am häufigsten versehentlich als Synonym zu Big Data verwendeten Begriffe ist der der Künstlichen Intelligenz (KI). Er beschreibt den Einsatz „intelligenter", das heißt selbstlernender Systeme. Große unstrukturierte Datensätze sind keine Bedingung für die Funktionsweise von KI und sind daher definitorisch zu trennen. Auf Basis von Methoden wie neuronalen Netzen und selbstlernenden Algorithmen können KI-Systeme, das heißt Maschinen, in einem iterativen Prozess selbstständig Vorgehensweisen bzw. Berechnungen und daraus folgend die Analyseergebnisse optimieren. Dies ermöglicht u.a. die sich stets verbessernde Erkennung von Mustern in Datenmengen (z.B. bei Röntgenaufnahmen oder Gewebeproben bei Flecken auf der Haut zur Diagnose von Krankheitsbildern). Auf Grundlage historischer Daten (z.B. Krankheitsverlauf, Patientenhistorie) bzw. von Vergleichsdaten (Daten einer Vielzahl anderer Pa-

---

[6] Die hier vorgenommene Auswahl an Technologien hat nicht den Anspruch auf Vollständigkeit. Vielmehr soll exemplarisch deutlich gemacht werden, dass eine definitorische Abrenzung der Technologien möglich ist und hilfreich im Umgang mit den neuen digitalen Medien sein kann.

tienten) kann die Funktion gefunden werden, welche ein zuvor definiertes Problem am besten löst (Bostrom 2014, S. 34; Martius 2017). Zudem können die lernenden iterativen Trial and Error-Methoden der Künstlichen Intelligenz eingesetzt werden, um die Auslesegenauigkeit unstrukturierter Datensätze durch Big Data-Anwendungen stetig zu verbessern. Künstliche „Intelligenz" sollte allerdings nicht mit menschlicher Intelligenz gleichgestellt werden. Die kognitiven Fähigkeiten existierender KI-Systeme sind sehr eingeschränkt und daher weit entfernt davon, mit menschlichen Fähigkeiten wie Denken, Kreativität, Verstehen, dem Lösen allgemeiner Probleme gleichzuziehen oder Transferleistungen von einem Anwendungsfall auf den anderen erbringen zu können (Martius 2017; Bostrom 2014, S. 34; Hofstadter 2008, S. 653).

Sensorik und Aktorik

Sensorik und Aktorik sind grundlegend für den Einsatz zahlreicher eHealth-Anwendungen oder anderer Technologien im Gesundheitswesen. Zunächst gilt es jedoch, zwischen den beiden Begriffen zu differenzieren. Ein Sensor empfängt ein physikalisches, chemisches oder biologisches Signal (z. B. Temperatur, Druck, Feuchtigkeit, Beschleunigung) und wandelt dieses in ein elektrisches Ausgangssignal um. Ein Aktor reagiert dagegen auf eine physikalische Eingangsgröße durch eine andere physikalische Ausgangsgröße, meist ein mechanisches Signal (z.B. in der Bewegung eines Roboterarms) (Lemke/ Brenner 2014, S. 121).

Beispiele für eHealth-Anwendungen, die mit Sensoren oder Aktoren verbunden sind, sind die Interfaces (Benutzeroberflächen), welche Dosierungen, etwa bei Mikrodosiersystemen in der Schmerztherapie oder Diabetestherapie, regulieren (Fraunhofer EMFT 2014) oder Signale aufgrund von Bewegungen ausgeben (z. B. ein Alzheimerpatient verlässt nachts unerwünscht sein Zimmer).

Robotik

Robotik ist ein ebenso häufig missverständlich verwendeter Begriff wie eHealth und Big Data. Ein Roboter ist eine frei programmierbare und mit motorischen Freiheitsgraden (zwei oder mehr Achsen), das heißt freien Bewegungsabläufen, entwickelte Maschine, welche verschiedene vorgesehene mechanische

Tätigkeiten[7] selbstständig erledigt (VDI 1990; RIA 1979; ISO 2012). Zentral ist das Kontrollsystem (ISO 2012) bzw. Steuerungselement (Osswald 2012), welches die Autonomie eines Roboters ermöglicht. Dadurch unterscheidet sich ein Roboter von (1) fremd- bzw. ferngesteuerten Maschinen (z. B. Drohnen oder vom Arzt digital gesteuerte OP-Geräte), (2) nicht-programmierbaren sensor- und aktorgesteuerten Automaten, welche lediglich eine initial bestimmte Aufgabe vollziehen können (z. B. Getränkeautomaten) oder (3) Computern, denen die mechanischen Freiheitsgrade fehlen. Die Automatisierung des Sensoren-Aktoren Verhältnisses sowie die notwendigen Freiheitsgrade von Robotern erhöhen die technologische Komplexität und stellen daher einen qualitativen Unterschied zu den im vorigen Unterpunkt beschriebenen technisch einfacheren Sensoren und Aktoren dar. Dieser Logik folgend, können wir im Gesundheitswesen aktuell eine zunehmende Maschinisierung, allerdings nur eingeschränkt eine Roboterisierung beobachten. eHealth als strikte Vernetzungstechnologie verstehend, kommt sie in diesem Zusammenhang perspektivisch in Form von Interfaces zur Steuerung, Kontrolle und Vernetzung von Robotern im Gesundheitswesen zum Einsatz, die durch medizinische Fachkräfte oder den Endanwender zu bedienen sind (z. B. Eingeben von Parametern, Überprüfen der Funktionsfähigkeit, Erstellung von Analysen basierend auf OP- oder Patientendaten, Vernetzung von Robotern in automatisierten OPs).

3D-Druck

Der 3D-Druck nimmt eine technologische Sonderrolle ein. Diese Technologie produziert keine digitalen Datenpunkte, welche mittels vernetzender eHealth-Anwendungen für den Anwender aufbereitet werden, sondern druckt haptische bzw. materielle Endprodukte. Beispielsweise können Prothesen, Implantate, künstliche Gelenke oder perspektivisch auch Organe patientenspezifisch hergestellt werden. Der Einsatz von eHealth-Anwendungen kann bspw. in der Vernetzung verschiedener Nutzer untereinander und von Nutzern mit Experten liegen. So können Mediziner bspw. Vorlagen für den Druck von Organen oder Gewebe auf Plattformen wie u. a. Thingiverse oder NIH 3D Print Exchange einsehen und die gewünschten Modelle reproduzieren, um diese

---

[7] Roboter kommt vom slawischen Wort „rabota" und bedeutet „Arbeit" bzw. „Fron-„ oder „Zwangsarbeit". Roboter sollen wortwörtlich Arbeit verrichten.

z. B. im medizinischen Alltag oder der Lehre einzusetzen. Daneben können Online-Plattformen zum Austausch über Problemlösungen, Eingabemasken oder Anwendungen für Feedback über die Produktqualität als eHealth-Anwendungen genannt werden. Das prognostizierte Marktwachstum der 3D-Druck Technologie von 0,26 Mrd. EUR in 2015 auf 5,6 Mrd. EUR in 2030 entspricht einem jährlichen Wachstum iHv. 23% und unterstreicht den zukünftigen Stellenwert dieser Technologie (PwC Strategy& 2018).

3 Potentiale und Herausforderungen im Gesundheitswesen

3.1 Überblick über Datenquellen und Big Data-Technologien

Grundlage für Big Data ist die Verfügbarkeit von großen Datenmengen. Im Gesundheitswesen gibt es vielfältigste Quellen, aus denen für die Analyse notwendige Daten aggregiert werden können. In der folgenden Tabelle wird eine exemplarische Auswahl an verschiedenen Datenquellen und -sätzen aufgezeigt, um die Vielfalt dieser zu unterstreichen.

Kategorie der Datenquelle	Ausgewählte Datenquellen
Medizinische Daten	Laborbefunde
	Bilddaten
	Krankheitsverläufe
	Genomik
	Patientenprofile
	Adhärenz-Profil
	Länge des Aufenthalts in einer Gesundheitseinrichtung
Öffentliche Gesundheitsdaten	Gesundheitsämter (z. B. Daten über die Anzahl mglw auch Qualität von Versorgungs- und Beratungseinrichtungen)
	Gemeinden (z. B. generische wie spezifische Sozial- und Umweltdaten)
	Ministerien und nachgelagerte Behörden (RKI, PEI, DIMDI etc.; z. B. nationale Krebsdaten, Daten über Impfstoffe, medizinische Klassifikationen)
	WHO (z. B. Daten zur globalen Gesundheit oder zur Mortalität)
Versicherungsdaten	Versicherungsinformationen
	Risikoprofile
	Inanspruchnahme von Versorungsleistungen
	Abrechnungsdaten
Forschungsdaten	Biobanken (z. B. DNA-, Blut- und Gewebeproben)
	Klinische Studien

Individuelle, durch Nutzer generierte Daten	Wellness
	Ernährung
	Fitness
	Schmerztagebuch
Pharmadaten	Verkauf von Medikamenten
	Medikamentennutzung
	Beschwerden von Patienten
	Zusammensetzung von Rezepturen
Nichtklassische Gesundheitsdaten	Soziale Netzwerke (z. B. Meinungen über Medikamente, Gefühlszustand)
	Telekommunikation (z. B. Nutzerverhalten von Wearbales, Smartphones)
	Einzelhandel (z. B. Nachfrage nach Wellnessprodukten oder bewusster Ernährung)

Tab. 1: Datenquellen von Big Data-Anwendungen im Gesundheitswesen. Quelle: PwC Strategy& 2016, S. 55f.

Der weit überwiegende Teil der Daten – wie Abbildung 2 zeigt, wird von etwa 80 % ausgegangen – liegt unstrukturiert vor. Hierzu gehören u. a. von Hand oder im Freitext geschriebene Rezepte oder Arztbriefe, Millionen klinischer Studien, Röntgenbilder, MRTs oder anderweitige Bilder, Arztmemos und Aufnahmen von Telemonitoringanwendungen, Videoaufnahmen innerer Untersuchungen, Telekonsultationen und eine stetig wachsende Anzahl an Social-Media Daten. Beispielsweise wird versucht, Nebenwirkungen von Medikamenten zu identifizieren, indem Social-Media Einträge (bei Facebook, in Foren, auf YouTube etc.), in Textform oder Videoformat aggregiert und auf Auffälligkeiten untersucht werden.

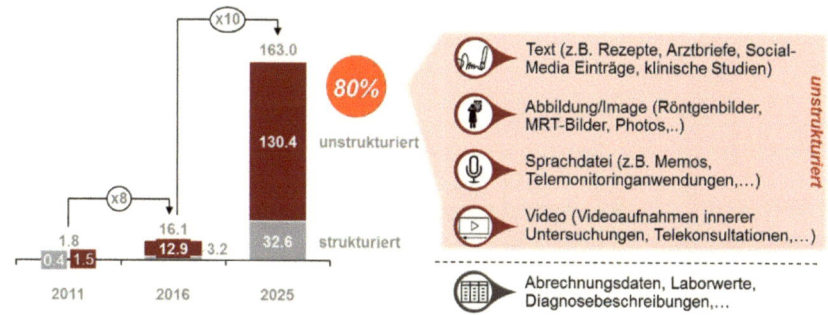

Abb. 2: Prognose des jährlichen globalen Gesamt-Datenvolumens (in Zettabyte) und Beispiele zur Datenstruktur im GW.
Quelle: Datenvolumen siehe Statista 2017.

In der Regel bilden polystrukturierte Datensätze, das heißt eine Mischung aus strukturierten und unstrukturierten Daten, die Grundlage für Big Data-Anwendungen im Gesundheitsbereich. So werden bspw. strukturierte Laborwerte oder Abrechnungsdaten mit unstrukturierten Informationen aus klinischen Studien oder Social-Media-Daten verbunden. Um das Potential von Big Data im Gesundheitsbereich zu erschließen, sind somit Technologien erforderlich, die derartige un- bzw. polystrukturierten Datenbestände verarbeiten können.

Klassische relationale Datenbanken werden den Anforderungen an Heterogenität und Geschwindigkeit nicht gerecht, weshalb nicht-relationale (NoSQL) oder In-Memory Datenbanken eingesetzt werden, um sehr große, heterogene Datenmengen schnellstmöglich auszuwerten (Abbildung 3). Falls nötig und realisierbar ermöglicht Streaming die Verbindung von NoSQL- und In-Memory-Datenbanken zur Echtzeitzeiterfassung und -auswertung polystrukturierter Daten.

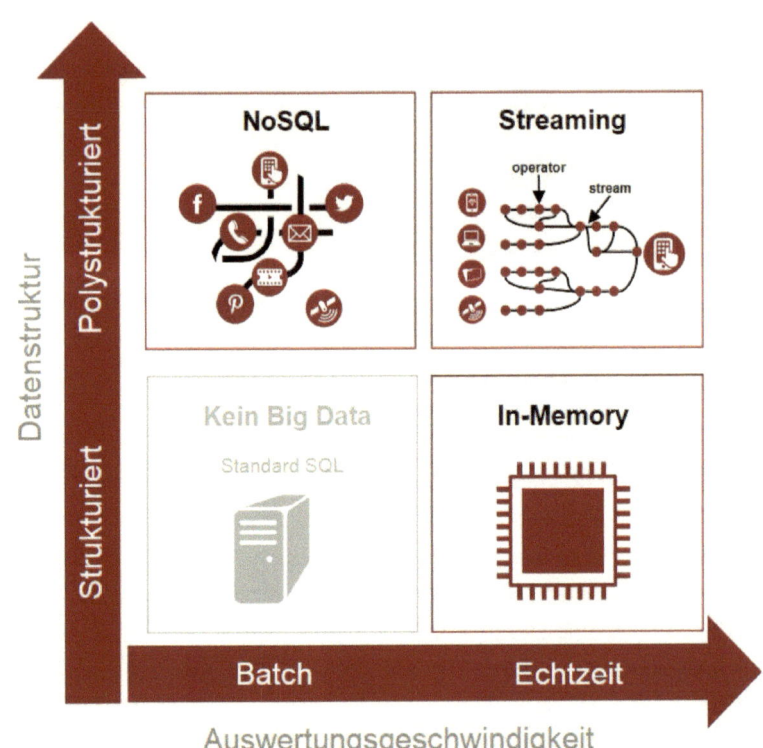

Abb. 3: Segmentierung von Big Data-Technologien.
Quelle: PwC Strategy& 2016, S. 57 in Anlehnung an BITKOM 2014.

3.2 Anwendungsmöglichkeiten

Potentielle Anwendungen von Big Data im Gesundheitswesen können in acht Anwendungsfelder geclustert werden, um die unterschiedlichen zu Grunde liegenden Ideen und Datensätze zu veranschaulichen (PwC Strategy& 2016, S. 59ff.).

1) Epidemiologie & Gesundheitsmonitoring

Big Data kann für vielfältigste nationale oder globale Analysen zur Identifikation sowohl der Ursachen als auch der Ausbreitung physiologischer und psychischer Krankheiten in der Bevölkerung oder einzelner Bevölkerungsgruppen genutzt werden. Die Kombination von Daten zur toxischen Belastung der Luft in Verbindung mit lokalen Krankheitsbildern und Studienergebnissen durch die Amerikanische Umweltschutzbehörde EPA ermöglicht es bspw. das lokale Krebsrisiko zu bestimmen und geeignete Gegenmaßnahmen einzuleiten. In einem anderen Projekt gelang es der Universität Florida aus der Verbindung von u.a. Geo-Daten, Bevölkerungsdaten (z.B. des Bevölkerungswachstums) und Daten über chronische Krankheiten aktuelle und zukünftige Engpässe in der Arztabdeckung zu identifizieren. Ein prominentes Beispiel aus Deutschland ist die NAKO (Nationale Kohorte) Gesundheitsstudie, welche als Langzeit-Gesundheitsstudie in 2014 gestartet ist und ca. 200.000 Teilnehmende umfassen soll (Stand Mai 2018: knapp 165.000 Teilnehmende) (NAKO 2018). Durch einen breiten sowie langfristigen Ansatz sollen neue Erkenntnisse über die Krankheitsentstehung und Risikofaktoren von Volkskrankheiten gewonnen werden.

2) Epidemieprognose

Durch Echtzeit-Aggregation, -Analyse und -Auswertung heterogener Daten können genauere Prognosen über die Größe, Ausbreitungswege und die Ausbreitungsgeschwindigkeit von Epidemien oder Pandemien vorgenommen werden. Beispielsweise werden Handelsströme und Flugrouten antizipiert und mit Eigenschaften nationaler Sozialsysteme abgeglichen, um die Ausbreitung von Krankheitswellen vorherzusagen. In herkömmlichen Modellen lag der Fokus hauptsächlich auf der nominellen Distanz, meist Luftliniendistanz, und nicht auf der effektiven Distanz zwischen Orten.

3) Entscheidungsunterstützung

Die Verbindung individueller Patientendaten (z.B. Patientenhistorie, Vorerkrankungen, Fitnesszustand, Krankheitsverlauf, Reisen) mit weiteren Datensätzen (z.B. Vergleichsdaten anderer Patienten, Erkenntnisse klinischer Studien) ermöglicht die Unterstützung fachkundiger Akteure des Gesundheitswesens in Entscheidungen in den Bereichen Diagnostik, Behandlung, Therapie, Reha, Pflege oder Medikation (personalisierte Medizin) einzelner Patienten. Ein Beispiel dafür ist der vom Hasso-Plattner-Institut (HPI) entwickelte Drug Response Analyzer, welcher Ärzte unterstützt, innerhalb weniger Minuten die am besten geeignete Chemotherapie für Patienten mit Tumorerkrankungen im Bereich der Mundhöhle, des Rachens, des Kehlkopfs, der Nase und des Halses auszuwählen. Die „Hochgeschwindigkeitsdatenbank" verknüpft unter anderem Daten zu Genen und Proteinen des Tumors, zu Signalwegen der Zellen sowie zu seiner Reaktion auf die verschiedenen Wirkstoffe. Zudem werden fortlaufend alle verfügbaren wissenschaftlichen Publikationen zum Thema in die Datenbank aufgenommen (HPI 2018). Enlitic, ein US-Unternehmen, nutzt vergleichbare Methoden, um radiologische Untersuchungen zu unterstützen.

4) Gesundheitsprävention

Die Aggregation, Analyse und Auswertung individueller Patientendaten (s.o.) in Kombination mit Umweltdaten (z.B. Krankheitswellen, Wetter, Nachrichten) ermöglicht frühzeitige Aussagen über die Wahrscheinlichkeit des Auftretens von Krankheitsbildern. Auf dieser Basis können erforderliche Präventionsmaßnahmen abgeleitet und initiiert werden. Anwendungen wie PropellerHealth kombinieren das individuelle Krankheitsbild und den aktuellen Krankheitszustand mit z.B. Geo-Daten, Wetterdaten und Pollenflügen, um Asthmatikern und Allergikern Warnungen für den Besuch bestimmter Orte zu bestimmten Tageszeiten aussprechen. Zudem gehen Informationen von anderen Nutzern in die individuellen Risikoprofile ein (PropellerHealth 2018).

5) Forschungsunterstützung

Big Data eröffnet neue Potentiale in der Durchführung klassischer klinischer Studien und ermöglicht zugleich die Ergänzung des Forschungsdesigns um weitere statistische Methoden (z.B. bayesianische Statistik) sowie Alltagsdaten.

Insbesondere Universitätskliniken nutzen diese Möglichkeiten zunehmend, um im Feld der personalisierten Medizin Erkenntnisse über Spezifika von Tumoren zu gewinnen und dadurch patientenindividuelle Therapien abzuleiten (z.B. Universitätskliniken Heidelberg, Göttingen, Charité). Die sinkenden Kosten für eine Genomsequenzierung vereinfachen die Analyse patientenindividueller Genome sowie den Vergleich von Genommustern einer Vielzahl von Probanden (Merelli/Perez-Sanchez/Gesing/D'Agostino 2014). Die detaillierte Analyse einzelner Genome sowie der Vergleich der Datensätze mehrerer Patienten ermöglicht die Identifizierung und Berücksichtigung von Besonderheiten bei der Entwicklung individueller Therapiepläne. Des Weiteren können die Auswertungen genauere Prognosen über die Wirksamkeit von Wirkstoffen und Therapien in Hinblick auf idiosynkratrische Patientenmerkmale ermöglichen. Der Einsatz von Real-World Evidence (RWE), das heißt die Integration von Alltagsdaten in Studiensettings, ermöglicht es, klassische klinische randomisierte Kontrollstudien (RCT) mit weiteren Erkenntnisse zu ergänzen. So wurde das Insulinmedikament Lantus bspw. erst durch die Ergebnisse einer RWE-Studie in die Regelversorgung übernommen (IMS Health 2015). Allerdings können auch bei RWE-Analysen handwerkliche Fehler zu strittigen Ergebnissen führen. Daher ist es für belastbare Aussagen durch RWE-Analysen grundlegend, wie bei klassischen RCT auch, auf ein qualitativ hochwertiges Studiendesign aufzubauen (Miksad/Abernethy 2018).

6) Leistungs- und Qualitätsbeurteilung

Big Data ermöglicht zudem, die Passgenauigkeit und Qualität von Leistungen zu bewerten sowie die Umsetzung von Qualitätsstandards und Leitlinien (u.a. gem. § 137 SGB V) zu kontrollieren. Krankenkassen analysieren bspw. die Passgenauigkeit ihres Leistungsportfolios. Zudem kann die Qualität von Behandlungen über verschiedenste Institutionen und Verläufe überprüft werden. Zur stetigen Verbesserung der Behandlung von Neugeborenen untersucht bspw. Kaiser Permanente seit 1993 die demographischen und klinischen Daten von über 800.000 (Stand 2014) US-amerikanischen Neugeborenen (Miksad/Abernethy 2018).

7) Betrugsbekämpfung

Big Data kommt verstärkt in der Bekämpfung von Fehlern und Betrug im Gesundheitswesen zum Einsatz. Laut einer Studie von PwC kommen auf 10.000 Abrechnungen ein bis drei entdeckte Betrugsfälle, die Dunkelziffer wird weit höher geschätzt. Die in Deutschland durch Missbrauch und Falschabrechnung entstehenden Kosten werden auf 5-20 Mrd. Euro geschätzt, das entspräche im Mittel circa 5% der deutschen Gesundheitsausgaben[8] (PwC 2012; Lünendonk 2013). Big Data hilft mittels flächendeckender Near-Realtime-Analysen verdächtige Muster zu erkennen, Abweichungen zu identifizieren und Alarmmeldungen zu generieren. Ein Pharmakonzern kann mit Hilfe von

---

[8] Diese Zahl bezieht sich auf das Jahr 2010.

Big Data Indizien für Verpackungsbetrug gewinnen. Dafür wird bspw. analysiert, ob ein Medikament in bestimmten Apotheken ungewöhnlich selten nachgefragt wird. Ebenfalls kann auf diesem Wege Medikamentenmissbrauch identifiziert werden. Das US-Unternehmen Fuzzy Logix verbindet Health Records (z.B. Medikation, Häufigkeit von Arztbesuchen) mit Geo-Daten, Medikamenteninformationen und -nutzung, Demographika, insgesamt 742 Risikofaktoren, zur Aufdeckung eines möglichen Opiatmissbrauchs (Fuzzy Logix 2018; datapine 2017).

8) Interne Prozessverbesserung

Big Data wird bisher bereits vereinzelt zur Verbesserung der strategischen Planung sowie interner organisationaler Prozesse (z.B. Personalplanung, Controlling, Marketing) eingesetzt. In Frankreich ermöglicht das Projekt Assistance Publique-Hopitaux des Paris (AP-HP) die Vorhersage der Aufnahmen von Patienten für die nächsten 15 Tage auf Tages und Stundenbasis, ohne z.B. Daten über den Grund der Aufnahme zu verwenden. Grundlage sind Krankenhausdaten der letzten 10 Jahre sowie externe Daten wie z.B. Wetter, Grippemuster, Feiertage. Den Einsatz zur Prozessoptimierung bei Gesetzlichen Krankenkassen zeigt der Beitrag von M. Schaaf in diesem Band.

Abbildung 4 fasst die Anwendungsfelder nochmals im Überblick zusammen.

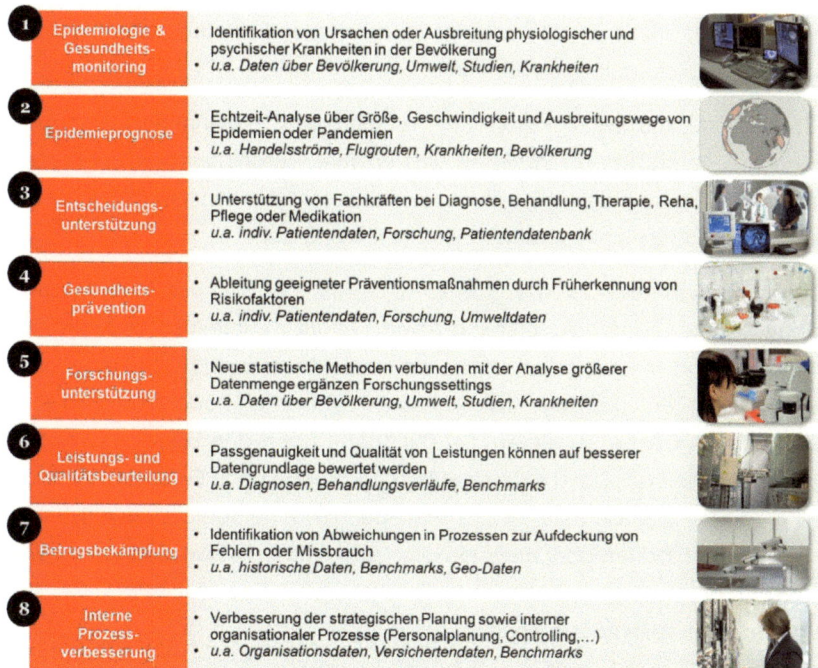

Abb. 4: Anwendungsfelder von Big Data im Gesundheitswesen.
Quelle: Eigene Darstellung basierend auf PwCStrategy& 2016, S. 59ff.

3.3 Limitationen

Die Limitationen von Big Data ergeben sich aus den grundlegenden Abhängigkeiten dieser Technologie. Den Einfluss von drei Faktoren gilt es im Besonderen zu berücksichtigen:

1. die Auswahl des geeigneten Datensatzes bzw. das Wissen um die Limitationen des Datensatzes,
2. die Auswahl der geeigneten Fragestellung, das heißt des geeigneten Analyseziels, für den vorhandenen Datensatz,
3. die Auswahl des geeigneten Algorithmus sowie geeigneter statistischer Verfahren (inkl. Tests) zur Analyse und Auswertung der Datensätze.

Zwei Beispiele sollen an dieser Stelle die mit diesen Faktoren zusammenhängenden Herausforderungen illustrieren:

23andMe ist ein Biotech Startup, welches mit Hilfe von Genomsequenzierung genetisch vererbbare Krankheiten und weitere Veranlagungen untersucht. Durch einen fehlerhaften Algorithmus wurde einem Kunden fälschlicher Weise eine ernste, aber nicht vorhandene Krankheit attestiert.

Google Flu nahm sich zum Ziel globale Epidemien auf Basis von Suchanfragen zu identifizieren, deren Ausbreitung sowie Verlauf zu verfolgen und ggf. gar vorherzusagen. Allerdings scheiterte das Projekt daran, dass die Ergebnisse nach einiger Zeit erhebliche Differenzen zur tatsächlich beobachtbaren Ausbreitung von Grippe aufwiesen. Bei der Suche nach den Ursachen, wurden die Limitationen des Datensatzes deutlich: Die Suche nach Grippesymptomen via Google wurde als Indiz für das Vorliegen eines Grippefalls gewertet. Die Suchanfragen hatten aber meist lediglich präventive Gründe. Zudem handelte es sich bei der zugrundeliegenden Erkrankung häufig nicht um eine Grippe, sondern um eine einfache Erkältung.

Vor Herausforderungen hinsichtlich der Auswahl und Bearbeitung von Datensätzen stehen auch die nationalen Akteure des Gesundheitswesens in Deutschland. So erschwert der Fallbezug bei stationären Aufenthalten im Krankenhaus (anstelle eines Personenbezugs) die Durchführung von Versorgungsanalysen, da eine versichertenbezogene Darstellung des stationären Behandlungsverlaufs (z.B. Verlegungen, Wiederaufnahmen, neue Aufenthalte) im zeitlichen Ablauf die Zusammenführung von Datensätzen voraussetzt. Ebenso bestehen kaum Verlinkungsmöglichkeiten mit Informationen aus anderen Sektoren, da nur Krankenkassen sowohl über die Daten der stationären als auch der ambulanten Behandlung verfügen. Zudem umfassen DRG-Abrechnungsdaten keine Diagnosen, welche außerhalb des Geltungsbereichs des Entgeltsystems liegen – bislang sind dies vor allem psychiatrische und psychotherapeutische Einrichtungen bzw. deren Patienten. Bei der Nutzung von Abrechnungsdaten gilt es zudem zu berücksichtigen, dass diese durch Effekte der Erlösoptimierung verzerrt sein können, was die Aussagekraft limitiert. Der Einsatz von Abrechnungsdaten ist daher von Fall zu Fall zu prüfen.

Ebenso kann eine mögliche Untererfassung von Leistungen der ambulanten Versorgung oder von Arzneimittelkosten für eine Verzerrung der Datengrundlage führen.

Zusammenfassend lässt sich festhalten: Die Nutzung von Big Data eröffnet große Potentiale, gleichzeitig erfordert der Einsatz aber Augenmaß.

4 Ausblick

Neben den konkreten Herausforderungen mit Bezug auf die Aussagekraft von Daten ist eine Vielzahl weiterer Diskussionsfelder zu beobachten, in denen die Rahmenbedingungen der Nutzung von Big Data im deutschen Gesundheitswesen verhandelt werden.

Bereits angestoßen ist eine intensive Debatte über ethische Leitlinien bei der Verwendung von Big Data-Technologien (Deutscher Ethikrat 2017). Diese Debatte umfasst u.a. die Frage der Datensouveränität von Bürgern und Patienten, die Möglichkeiten einer schnellen nachträglichen Löschung bestimmter Daten oder, perspektivisch, Gefahren durch eine potentielle Diskriminierung von z.B. Versicherten mittels unterschiedlicher Versicherungstarife.

In diesem Zusammenhang relevant ist auch die Entwicklung geeigneter Datenschutzregeln. In dieser Diskussion werden einerseits Möglichkeiten der verlässlichen Verschlüsselung, Anonymisierung und D-Identifikation, andererseits die Risiken nicht intendierter Entschlüsselung, Re-Anonymisierung und Identifikation sensibler personenbezogener Daten bewertet und abgewogen. Mit dieser Debatte verknüpft ist die Frage nach der Datensicherheit bzw. der IT-Sicherheit (siehe hierzu auch den Beitrag von H. Hanika in diesem Band). Die Tragweite dieser Thematik zeigt sich in der Notwendigkeit, bereits heute die Auswirkungen von Technologien von morgen zu antizipieren. Sobald Quantencomputer-Technologie einsetzbar sein sollte, sind konventionelle Verschlüsselungstechnologien weitgehend überholt. Das heißt bereits heute müsste für Maschinen, Automaten und Roboter mit langer Nutzungsdauer ein Umfeld geschaffen werden, welches, z.B. durch die Einführung quantenkryptographischer Verschlüsselungsmöglichkeiten, flexibel auf Entwicklungen im

Quantencomputing reagieren kann. Stellt Quantencomputing also auf der einen Seite eine Bedrohung für klassische Verschlüsselungssysteme dar, könnte die Quantenkryptographie auf der anderen Seite die Sicherheit von Daten und IT-Systemen erheblich erhöhen und daher Anworten auf drängende Fragen im Gesundheitswesen geben (Islam/Charles/Clinton/Jungsang/Daniel 2017).

Darüber hinaus werden auf politischer Ebene Wege zur Ausgestaltung, Förderung sowie ggf. notwendigen Beschränkung digitaler Technologien und Anwendungen ausgehandelt (PwC Strategy& 2016). Dazu zählt insbesondere die Entwicklung geeigneter und gelebter Wege zur Übernahme vielversprechender eHealth-Anwendungen und gesundheitsbezogener Technologien in die Regelversorgung. Dafür ist ein Bewusstsein über die Potentiale und Herausforderungen der Technologien sowie über den aktuellen Stand der Digitalisierung des Gesundheitswesens notwendig. Bevor der Einsatz von Big Data-Technologien flächendeckend realisiert werden kann, müssen allerdings elementare Grundlagen geschaffen werden (z.B. Breitbandausbau, Investitionen zur Erneuerung und Weiterentwicklung der IT in Organisationen).

Zudem müssen Governance-Mechanismen eingeführt werden, denen die Bürger vertrauen. Das heißt Institutionen und Verfahren, welche Daten aggregieren, analysieren und auswerten, unabhängig ob zentral oder dezentral organisiert, müssen in einer Art und Weise ausgestaltet sein, die die Bürger ermutigt, Daten preiszugeben. Estland kann dafür als Beispiel dienen. So wurden bspw. Schwachstellen der estnischen ID-Karte innerhalb kurzer Zeit von offizieller Ebene transparent gemacht und der Fortschritt in der Problembehebung kommunikativ begleitet (Korjus 2017).

Die Digitalisierung des Gesundheitswesens befindet sich noch am Anfang. Bisherige Beobachtungen und Erkenntnisse machen jedoch bereits deutlich, dass die Potentiale und Herausforderungen enorm sind und Big Data eine der Schlüsseltechnologien für die Zukunft des Gesundheitswesens darstellt.

5 Literatur

BITKOM (2014): Big-Data-Technologien – Wissen für Entscheider. Berlin: Bundesverband Informationswirtschaft, Telekommunikation und neue Medien e. V.

BMWI (2015): Reformkommission Bau von Großprojekten – Komplexität beherrschen – kostengerecht, termintreu und effizient. Berlin: Bundesministerium für Verkehr und digitale Infrastruktur.

Böhm, M./Müller, S./Krcmar, H./Welpe, I. (2018): Erfolgswirkung und Herausforderungen digitaler Geschäftsmodellentwicklung. In: Owahld, S./Krcmar, H. (Hrsg.): Digitale Transformation – Fallbeispiele und Branchenanalysen. Wiesbaden: Springer Gabler. S. 49-63

Bostrom, N. (2014): Superintelligenz – Szenarien einer kommenden Revolution. Oxford: Oxford University Press.

Burdea, G. C./Coiffet, P. (2003): Virtual Reality Technology. Hoboken: John Wiley & Sons.

Burkhart, S./Grabmeier, S. (2017): Der Einfluss von Digital Leadership auf Organisationen im Gesundheitswesen. In: Matusiewicz, D./Pittelkau, C./Elmer, A. (Hrsg.): Die Digitale Transformation im Gesundheitswesen – Transformation, Innovation, Disruption (S. 255-262). Berlin: Medizinisch Wissenschaftliche Verlagsgesellschaft mbH & Co. KG.

Cruz-Neira, C. (1993): Virtual reality overview. New York City: SIGGRAPH.

datapine (24. Mai 2017): 9 Examples of Big Data Analytics in Healthcare That Can Save People. (Online) https://www.datapine.com/blog/big-data-examples-in-healthcare/ (13. Juli 2018).

Deutscher Ethikrat (2017): Big Data und Gesundheit - Datensouveränität als informationelle Freiheitsgestaltung. Stellungnahme. Berlin.

HPI – Hasso-Plattner-Institut (2018): Teaching – Drug Response Analysis on In-Memory-Technology (Master Project Winter Term 2013/14)). https://hpi.de/plattner/teaching/archive/winter-term-201314.html (25.06.2018).

Fraunhofer EMFT (2014): Jahresbericht 2014. München: Fraunhofer Einrichtung für Mikrosysteme und Festkörper-Technologien.

Fuzzy Logix (13. Juli 2018): Opioid Abuse Prevention. (Online) http://www.fuzzylogix.com/use-cases-2/opioid-abuse-prediction/ (13. Juli 2018)

Gitelman, L./Jackson, V. (2013): Introduction. In: Gitelman, L. (Hrsg.): "Raw Data" Is an Oxymoron. Cambridge, London: MIT Press. S. 1-14.

Hofstadter, D. R. (2008): Gödel, Escher, Bach: An Eternal Golden Braid. 18. Ausgabe. Stuttgart: J. G. Cotta'sche Buchhandlung Nachfolger GmbH.

Hughes, G. (2011): How Big is Big Data in Healthcare. Cary: SAS Center for Health Analytics and Insights. (Online) http://www.healthcareitnews.com/news/how-harness-big-data-improving-public-health (13. Juli 2018).

IDC (2014): The digital universe driving data growth in healthcare. (Online) https://www.emc.com/analyst-report/digital-universe-healthcare-vertical-report-ar.pdf (13. Juli 2018).

IMS Health (22. November 2015): IMS Health: using big data to improve healthcare outcomes. (Online) https://digit.hbs.org/submission/ims-health-using-big-data-to-improve-healthcare-outcomes/ (16. Juli 2018).

Islam, N. T./Charles, L. C./Clinton, C./Jungsang, K./Daniel , G. J. (2017): Provably secure and high-rate quantum key distribution with time-bin qudits. Science Advances. In: Science Advances 11 (3): E1701491.

ISO (2012): ISO 8373:2012(en) Robots and robotic devices. Genf. (Online) https://www.iso.org/obp/ui/#iso:std:iso:8373:ed-2:v1:en (26. Juni 2018).

Kaiser Permanente (06. Juli 2014): Big Data Improves Care for Kaiser Permanente's Smallest Members. (Online) https://share.kaiserpermanente.org/article/big-data-improves-care-for-kaiser-permanentes-smallest-members/ (13. Juli 2018).

Korjus, K. (04. Oktober 2017): We told you about a potential security vulnerability. Here's our update. (Online) https://medium.com/e-residency-blog: https://medium.com/e-residency-blog/we-told-you-about-a-potential-security-vulnerability-heres-our-update-86e04119b734 (16. Juli 2018).

Lemke, C./Brenner, W. (2014): Einführung in die Wirtschaftsinformatik. Berlin: Springer-Verlag.

Lünendonk (2013): Big Data bei Krankenversicherungen – Bewältigung der Datenmengen in einem veränderten Gesundheitswesen. Kaufbeuren: Lünendonk GmbH.

Martius, D. G. (2017): Maschinelles Lernen & Algorithmen. Tübingen: MPI für Intelligente Systeme.

Memory-Technology (Master Project Winter Term 2013/14). https://hpi.de/plattner/teaching/archive/winter-term-201314.html (25.06.2018).

Merelli, I./Perez-Sanchez, H./Gesing, S./D'Agostino, D. (2014): Managing, analysing, and integrating big data in medical bioinformatics: open problems and future perspectives. BioMed research international, 2014. S. 134023.

Miksad, R. A./Abernethy, A. P. (2018): Harnessing the Power of Real-World Evidence (RWE): A Checklist to Ensure Regulatory-Grade Data Quality. In: Clin Pharmacol Ther 103 (2): 202-205.

NAKO (2018): Nako Gesundheitsstudie – Allgemeines. Stand Mai 2018. https://nako.de/allgemeines/ (25.06.2018).

Osswald, D. (2012): Steuerungssysteme anthropomorpher Roboterhände für humanoide Roboter. Karlsruhe: KIT Scientific Publishing.

PropellerHealth (2018): About us. https://www.propellerhealth.com/about-us/ (25.06.2018).

PwC (2012): Abrechnungsbetrug im Gesundheitswesen. Frankfurt: PricewaterhouseCoopers AG Wirtschaftsprüfungsgesellschaft.

PwC Strategy& (2016): Weiterentwicklung der eHealth-Strategie: Studie im Auftrag des Bundesministeriums für Gesundheit. Eine Studie im Auftrag des Bundesministeriums für Gesundheit. Düsseldorf: PwC Strategy& (Germany) GmbH.

PwC Strategy& (2018): Strategy&-Analyse 3D-Druck. München: PwC Strategy& (GmbH) Germany. (Online) https://www.strategyand.pwc.com/de/pressemitteilungen/3d-druck (26. Juni 2018).

RIA – Robotic Industries Association (1979): Robotics Law and Legal Definition. Ann Arbor, Michigan, USA. (Online) https://definitions.uslegal.com/r/robotics/ (26 Juni 2018).

Statista (2017): Prognose zum weltweit generierten Datenvolumen 2025. https://de.statista.com/statistik/daten/studie/267974/umfrage/prognose-zum-weltweit-generierten-datenvolumen/ (26 Juni 2018).

VDI (1990): VDI 2860-1990-05. VDI-Richtlinie: Montage- und Handhabungstechnik. Düsseldorf: Verband Deutscher Ingenieure.

Stefan Edinger | Matthias Waack

Smart Data und Digitale Transformation in der GKV

1. Einleitung
2. Begriffsklärung und Technologien
3. Anwendungsbeispiele
4. Herausforderungen und Chancen
5. Fazit
6. Literatur

Stichwörter: Digitalisierung, Big Data, Gesundheitswesen, Krankenkassen, Versorgungsinnovation, Datenschutz.

Zusammenfassung: Von einer tiefen Durchdringung hinsichtlich der oft synonym verwendeten Begriffe Digitalisierung und Big Data, welche – wie im Artikel aufgezeigt – besser als Digitale Transformation und Smart Data bezeichnet werden sollten, kann im Gesundheitswesen im Vergleich zu anderen Branchen noch nicht die Rede sein. Die Gründe hierfür sind vielfältig, werden aber wesentlich durch die zugrundeliegende Komplexität, Datenschutzfragen und Akteursvielfalt im Gesundheitswesen bestimmt. Dennoch wurde die Chance erkannt – der „analoge" Krankenversicherungsmarkt wandelt sich. Neben Beispielen für den bereits stattfindenden Einsatz Digitaler Transformation und Smart Data werden Potentiale und Herausforderungen des Themas beleuchtet.

1 Einleitung[1]

Digitalisierung und Big Data sind auch im Gesundheitswesen Schlagwörter, die eine effektivere und effizientere Versorgung und ganz neue Behandlungsansätze und Kooperationsmöglichkeiten versprechen. Die beiden Begriffe gehen Hand in Hand und werden trotz ihrer unterschiedlichen Bedeutung oftmals synonym verwendet.

Während in vielen Branchen die Digitalisierung bereits weite Bereiche durchdrungen hat und Konzepte wie Industrie 4.0 einen weiteren Evolutionsschritt darstellen, ist das Gesundheitswesen noch vergleichsweise „analog". Im Wirtschaftsindex DIGITAL wird der Digitalisierungsgrad unterschiedlicher Branchen anhand eines Index zwischen 0 und 100 Punkten dargestellt. Die deutsche gewerbliche Wirtschaft erreicht insgesamt 54 von 100 Indexpunkten, das Gesundheitswesen gerade einmal 39 Punkte. Das Gesundheitswesen nimmt damit den letzten Platz im Ranking der 11 betrachteten Branchen ein und wird als einzige Branche als „niedrig digitalisiert" klassifiziert (BMWI 2017).

Auch im internationalen Vergleich nimmt Deutschland mit Blick auf die Digitalisierung im Gesundheitswesen einen der hinteren Plätze ein (Haas 2017).

Im vorliegenden Beitrag soll der aktuelle Umsetzungsstand von Digitalisierung und Big Data im Kontext von Krankenkassen, Leistungserbringern und Versicherten beleuchtet werden. Anhand unterschiedlicher Einsatzgebiete werden Chancen und Risiken aufgezeigt. Aktuelle Anwendungsbeispiele geben Einblick in die Potenziale der neuen Technologien.

---

[1] Der Beitrag basiert auf einem Vortrag, der im Oktober 2017 im Rahmen der Gesundheitsökonomischen Gespräche an der Hochschule Ludwigshafen am Rhein präsentiert wurde.

2 Begriffsklärung und Technologien

2.1 Smart Data statt Big Data

Big Data ist ein Teilaspekt von Digitalisierung und wird als Einsatz großer Datenmengen aus vielfältigen Quellen mit einer hohen Verarbeitungsgeschwindigkeit zur Erzeugung wirtschaftlichen Nutzens bezeichnet (BITKOM 2014, S. 12). Big Data ist durch drei wesentliche Kriterien charakterisiert:

1. Volume: Die Menge an zu verarbeitenden Daten.
2. Velocity: Die Geschwindigkeit, mit der Daten vearbeitet werden sollen oder mit der neue Daten eintreffen.
3. Variety: Die Verschiedenartigkeit der Daten, insbesondere auch die Verarbeitung von „unstrukturierten" Daten (Text-Dateien, Audio, Bilder etc.).

Darüber hinaus werden oft noch zwei weitere Kriterien als zusätzliche „V's" angegeben:

1. Validity/Veracity: Die Sicherstellung der Datenqualität.
2. Value: Unternehmerischer Mehrwert.

In einer Studie (Radic et al. 2016) wurde der Einsatz von Big Data bei Krankenversicherungen untersucht. Bei den meisten der erwähnten Einsatzbeispiele kann bezweifelt werden, dass tatsächlich alle der drei wesentlichen erwähnten Klassifikationskriterien von Big Data erfüllt sind.

Während sich manche Teilbereiche der Medizin oder Gesundheitswirtschaft prinzipiell gut für echte Big Data-Anwendungen anbieten (z. B. Genomanalysen), zeigt eine Betrachtung einiger Kennzahlen des Gesundheitswesens, dass in vielen Bereichen eher von Smart Data als von Big Data gesprochen werden sollte. So kommt es pro Tag in Deutschland zu ca. 53.000 stationären Aufnahmen in Krankenhäusern und es finden ca. 3,9 Mio. ambulante Arztbesuche täglich statt. Dies sind zwar beeindruckende Zahlen, bedenkt man allerdings, dass sich diese Fallzahlen auf die über 100 Krankenkassen in Deutschland aufteilen, so dürfte das Datenaufkommen bezogen auf den Aspekt Volume auch ohne Big Data-Technologien handhabbar sein.

Bezüglich des Aspekts Velocity ist anzumerken, dass nur wenige Anwendungen der Krankenkassen Echtzeitanforderungen genügen müssen. Abrechnungsvorgänge laufen in der Regel mit einem deutlichen Zeitverzug, teilweise von mehreren Monaten ab (z. B. quartalsweise Abrechnung im ambulanten Sektor).

Auch beim Thema Variety lässt sich feststellen, dass Versorgungsinformationen größtenteils als strukturierte Daten (z. B. Tabellen, Formulare) vorliegen und unstrukturierte Daten bislang nur wenig genutzt werden. Die meisten Kassen besitzen zwar eine Präsenz in Social Media Plattformen, nutzen diese aber fast ausschließlich zur Informationsbereitstellung.

Das bedeutet, dass die Voraussetzungen für den Einsatz von Smart Data bei den Krankenkassen vergleichsweise günstig sind, weil die technischen Hürden der Umsetzung vergleichsweise niedrig sind.

2.2 Digitale Transformation statt Digitalisierung

Digitalisierung ist ein schwammiger Begriff und wurde ursprünglich verwendet, um die Überführung von papierbasierten Dokumenten in eine elektronisch verarbeitbare Datei zu beschreiben. Die Anwendungsbereiche, die heute mit dem Begriff Digitalisierung umschrieben werden, sollten besser als Digitale Transformation bezeichnet werden, da sie weit über die Digitalisierung von Dokumenten hinausgehen.

Um die einzelnen Anwendungsbereiche der Digitalen Transformation einordnen zu können, wurde im Folgenden der Versuch unternommen, einzelne Technologien und Methoden bezüglich der technischen Anforderungen („Small Data" vs. Big Data) und der Komplexität der Algorithmen (von konventionellen Methoden bis hin zu künstlicher Intelligenz) einzuordnen (Abbildung 1).

Während konventionelle Methoden gut verstanden und in vielen Bereichen bereits im Einsatz sind, befinden sich viele der fortschrittlicheren Methoden noch im experimentellen Status und werden im Rahmen von Pilotprojekten auf ihre Einsatzmöglichkeiten hin untersucht. Anhand der Darstellung ist ersichtlich, dass einige Technologien erst dann sinnvoll einsetzbar sind, wenn große Datenmengen zur Verfügung stehen (z.B. das Training von Neuronalen Netzwerken im Rahmen von Deep Learning).

Gleichzeitig kommen durch den technologischen Fortschritt zunehmend neue Softwarepakete und z.B. visuelle Analytiktools auf den Markt, die die Komplexität der zugrundeliegenden Algorithmen vor dem Anwender verbergen und es so auch Nicht-Fachleuten ermöglichen, moderne Technologien zielführend einzusetzen.

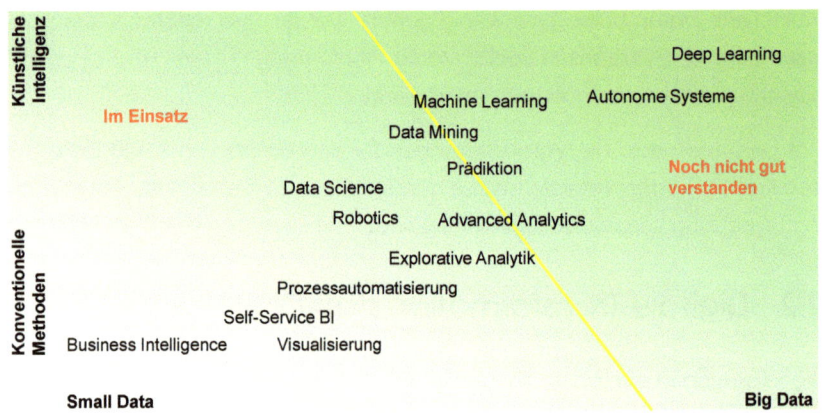

Abb. 1: Einordnung von Technologien der Digitalen Transformation.
Quelle: Eigene Darstellung.

2.3 Einsatzgebiete digitaler Technologien bei Krankenkassen

Eine andere Möglichkeit, sich dem Thema Digitale Transformation zu nähern, besteht darin, die thematischen Einsatzgebiete, in denen digitale Technologien zum Einsatz kommen, zu betrachten.

Aus Sicht einer Krankenkasse sind in Abbildung 2 drei unterschiedliche Einsatzgebiete mit beispielhaften Anwendungen dargestellt. Unmittelbaren Einfluss kann die Krankenkasse auf die internen Prozesse nehmen. Größtenteils bereits umgesetzte Anwendungen umfassen das papierlose Arbeiten, die Modellierung von internen administrativen Abläufen oder Abrechnungsprozessen und Business Intelligence. Themen, die aktuell in der Umsetzung sind, umfassen Prozesstracking (die Nachverfolgung und Überwachung von Abläufen anhand definierter Prozessschritte und Übergabepunkte) oder Self-Service-BI (die Bereitstellung standardisierter Dashboards und Reports zur eigenständigen Analyse für alle Mitarbeiter).

Erste Anwendungen entstehen in den Bereichen Robotics (RPA, Robotic Process Automation, die Übernahme auch komplexerer Arbeitsschritte und Prozesse durch „virtuelle Mitarbeiter") und Process Mining (die Ableitung von Prozessdarstellungen aus „Bearbeitungsspuren" innerhalb der IT-Systeme).

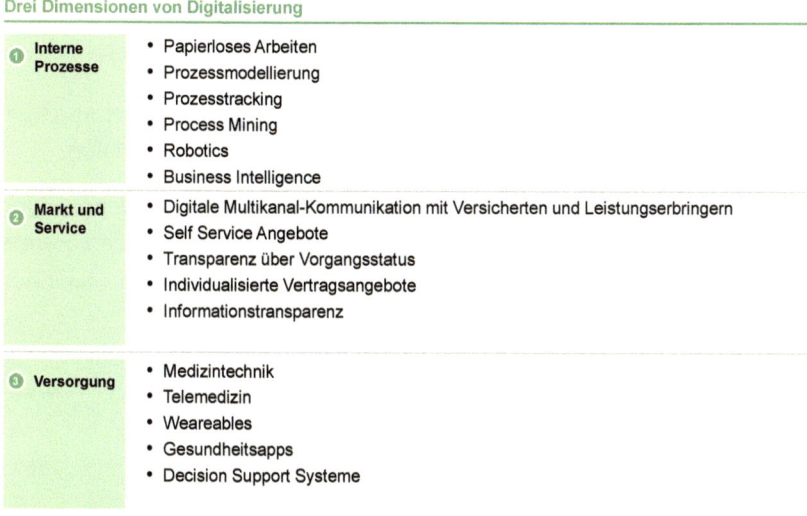

Abb. 2: Einsatzgebiete von digitalen Technologien.
Quelle: Eigene Darstellung.

Ein zweites Einsatzgebiet umfasst alle Kommunikationspunkte und Serviceangebote für die Versicherten der Krankenkasse, aber auch Leistungserbringer (Markt und Service). Neben der Beratung von Versicherten in den Kundencentern gewinnen alternative Kommunikationswege wie E-Mail oder Chat zunehmend an Bedeutung. Digitale Abrechnungswege vereinfachen und beschleunigen die Kommunikation mit den Leistungserbringern. Ähnlich wie im Bereich des Online-Bankings wünschen sich Versicherte mehr Self-Service-

Angebote. Wie beim Paket-Tracking soll der Bearbeitungsstatus von Vorgängen jederzeit transparent sein.

Im letzten Anwendungsgebiet, der Versorgung selbst, kann die Krankenkasse in der Regel bestenfalls mittelbar Einfluss nehmen, z. B. durch die Beteiligung an Forschungsvorhaben oder die Förderung von Pilotprojekten.

3 Anwendungsbeispiele

3.1 Krankenkassen

3.1.1 Überblick

Beispielhaft sollen nachfolgend einige konkrete Anwendungen herausgegriffen werden, um das weite Feld der Digitalen Transformation zu illustrieren.

Abbildung 3 zeigt, angelehnt an die beiden Einsatzgebiete aus dem vorigen Abschnitt „Interne Prozesse" (1) und „Markt und Service" (2), einige konkrete Anwendungen, gegliedert nach aufsteigender Komplexität von links nach rechts.

❶ Prozesse	Modellierung	Standardisierung		Tracking	Mining
❶ Robotics	ERMS	Workflows		Automatisierung	RPA
❶ Business Intelligence	Data Warehouse	Geoanalysen	Reporting-Tools	In-Memory-Datenbanken	Data Science
❷ Informationsaustausch	DTA		eVerordnung		Apps
❷ Versichertenkommunikation	OGS		Self Service		Gesundheitsplattform
❷ Künstliche Intelligenz	Regelwerke		Prädiktion		Deep Learning

Abb. 3: Konkrete digitale Anwendungen bei den Krankenkassen.
Quelle: Eigene Darstellung.

3.1.2 Prädiktion

Prädiktion versucht, anhand statistischer Eigenschaften bestimmte Vorhersagen über künftige Ereignisse zu treffen. Da hierbei auf Sozialdaten zurückgegriffen wird, sind seitens des Gesetzgebers zu Recht Hürden hinsichtlich der Zusammenführung der Daten aufgebaut. Die Einsatzbereiche für Prädiktionsalgorithmen im Gesundheitswesen sind daher entsprechend eingeschränkt (siehe Abschnitt 4.1).

Einige Bereiche eignen sich gut für den Einsatz von Prognosemodellen, wie z.B. Krankengeld, Rechnungsprüfung oder Versichertenansprache, aber auch Betrugserkennung z.B. im Arzneimittelbereich (Rezeptbetrug). Die Prädiktion von Krankheitsverläufen oder Krankenhauswahrscheinlichkeiten erlaubt eine frühzeitige Patientenansprache, um bedarfsgerechte Unterstützungsmöglichkeiten aufzuzeigen und Versorgungssituation und Lebensqualität zu verbessern. In den vergangenen Jahren wurden bereits entsprechende Anwendungen umgesetzt und konnten ihre Leistungsfähigkeit in der Praxis unter Beweis stellen.

3.1.3 Deep Learning

Einen Schritt weiter geht man beim Einsatz von Prädiktionsalgorithmen, welche selbst lernen und sich weiterentwickeln. Dieses Deep Learning ist schon in vielen spielerischen Anwendungen dem Menschen überlegen. Schachcomputer sind schon seit etwa 25 Jahren mindestens so gut wie die besten Großmeister (Mauruschat 2016). Auch im viel komplexeren Go wurden bereits mehrere der vermutlich besten Spieler in den letzten 2 Jahren durch Googles Programm Alpha Go klar besiegt (Bögeholz 2017).

In der aktuellen Förderwelle des Innovationsfonds des G-BA werden im Bereich Versorgungsforschung Projekte gefördert, welche lernende Algorithmen nutzen, mit denen Prognosen und Behandlungshinweise generiert werden, um Risiken frühzeitig zu erkennen und beeinflussen zu können (G-BA 2017). Eine solche Entscheidungshilfe könnte im Fallmanagement eingesetzt werden, um die optimale Steuerung der Fälle zu erreichen. Ein anderes Einsatzfeld wäre der Therapiebereich, um die leitliniengerechte und evidenzbasierte Behandlung zu unterstüzten.

3.1.4 Business Intelligence

Eine große Herausforderung besteht darin, die Vielzahl der internen und externen Daten möglichst für alle Mitarbeiter zielgruppengerecht und leicht handhabbar aufzubereiten.

Im Bereich Business Intelligence hat in den letzten Jahren ein großer Fortschritt stattgefunden. Neue Darstellungsmöglichkeiten erlauben z.B. die geographische Darstellung von Zusammenhängen oder einen flexiblen Drilldown auf unterschiedliche Detaillierungsgrade der Daten.

Gerade durch die Kombination von Informationen aus unterschiedlichen Datentöpfen lassen sich neue Erkenntnisse gewinnen. Daten die früher umständlich von Hand aus unterschiedlichen Datenquellen zusammengeführt werden mussten, können heute automatisiert maschinell bearbeitet werden.

Eine Vielzahl von Softwarepaketen unterstützt die Exploration und Visualisierung der Daten und stellt Module für unterschiedlichste Fragestellungen bereit, sodass auf eigenen Programmierungsaufwand weitgehend verzichtet werden kann und auch Mitarbeiter ohne vertiefte Kenntnisse in Statistik und Programmierung Zugang zu fortgeschrittenen Technologien erhalten. Als Beispiel seien hier einige Produkte genannt:

- Tableau,
- QlikView/QlikSense,
- Matlab,
- Alteryx,
- R,
- Python.

3.1.5 Markt und Service

Digitale Gesundheitsnetzwerke

Während die Umsetzung der Ziele der Telematik-Infrastruktur auf sich warten lässt, beginnen einzelne Akteure mit der Umsetzung eigener Lösungen. Sowohl die TK als auch die AOK arbeiten aktuell an der Etablierung von integrierten digitalen Gesundheitsnetzwerken (AOK 2018, TK 2018), die ihren Versicherten ein umfassendes digitales Angebot rund um das Thema Gesundheit bieten sollen. Geplante Anwendungen umfassen u.a.:

- Impfpass,
- Medikationsplan mit Modulen zur Arzneimitteltherapiesicherheit (AMTS),
- Patientenakte,
- Arztbriefmodul,
- Integration eigener Gesundheitsdaten (Gesundheitstagebuch, Daten von Weareables etc.).

Zentrale Bedeutung hat hierbei die Interoperabilität der eingesetzten Technologien, um das Entstehen weiterer inkompatibler Insellösungen zu vermeiden und die Transparenz zu fördern.

Ziel ist es, den Versicherten in den Mittelpunkt des Versorgungsgeschehens zu stellen und ihm eine aktive Teilnahme an der Entscheidungsfindung zu ermöglichen. Er kontrolliert alle Zugriffsberechtigungen auf seine sensiblen Daten, die nach höchsten rechtlichen und technischen Standards gesichert werden.

Integrierte Versorgung

Verträge zur Integrierten Versorgung eigenen sich optimal für die Unterstützung von Vertragsinhalten direkt im Praxisverwaltungssystem der teilnehmenden Ärzte. So lassen sich beispielsweise Abrechnungsmodalitäten einfach in Software abbilden. Geeignete Patienten für die Einschreibung in ein Vertragsmodul könnten automatisiert bereits bei der Anmeldung des Patienten identifiziert werden, wenn die rechtlichen Rahmenbedingungen hierfür vorliegen.

Großes Potenzial besteht in der Abbildung von Patientenpfaden oder Leitlinien über eine Software. Ein Algorithmus kann hierbei Vorschläge zur Entscheidungsunterstützung des Arztes geben, um ein standardisiertes evidenz- und leitlinienbasiertes Vorgehen zu fördern.

Versorgungsqualität und Transparenz

Der AOK Krankenhausnavigator (Krankenhausnavigator 2018) stellt für bestimmte Leistungsbereiche anhand von Routinedaten die Behandlungsqualität von Krankenhäusern dar. Hierfür werden anonymisierte Routinedaten von Versicherten der AOK bundesweit kombiniert.

3.2 Versorgung

Medizintechnik

Die Medizintechnik ist ein Motor des technischen Fortschritts im Gesundheitswesen. Als Beispiel für innovative Entwicklung der Medizintechnik können etwa „Intelligente Implantate" herausgegriffen werden. Moderne Computertechnik erlaubt künftig, bestehende Lösungen zu verbessern, indem Sensorik oder haptisches Feedback in Implantate integriert wird. Das Bundesministerium für Bildung und Forschung förderte von 2009 bis 2012 zwölf Projekte u. a. zu den Themen Herzinsuffizienz, Epilepsie, Handprothetik oder Schmerztherapie (BMBF 2009).

Telemedizin und Montoring

Telemedizin und Montoring versprechen optimierte Versorgungsqualität auch in infrastrukturell schwachen Regionen bzw. rund um die Uhr in der eigenen Häuslichkeit.

In der Radiologie beispielsweise werden teleradiologische Lösungen seit vielen Jahren genutzt. Einerseits um knappe Ressourcen zu bündeln, aber auch um in kleineren Krankenhäusern ohne Spezialteams bei Bedarf Expertenwissen verfügbar haben zu können.

Aber auch in Projekten zur Integrierten Versorgung kommen immer häufiger Module zu Telemedizin und Monitoring zum Einsatz, z.B. im Rahmen des Managements von Herzinsuffizienz (elektronische Waagen, Blutdruckmessgeräte).

Ihren optimalen Nutzen entfalten die entsprechenden Anwendungen durch Kombination mit einer Monitoring-Plattform und einem nachgeschalteten Expertennetzwerk. Beispielsweise werden Vitalparameter der Patienten überwacht und bei drohenden Entgleisungen und Exazerbationen frühzeitig adäquate Maßnahmen in die Wege geleitet.

Weareables

Sogenannte „Weareables" haben in den Vergangenen Jahren allmählich Einzug in den Alltag gehalten (Ballhaus et al. 2015). Es handelt sich hierbei um kleine Computer, die möglichst unaufdringlich am Körper getragen werden. Besonders prominent sind hierbei die Fitness-Armbänder und die Smart-Watches, die z.B. Schrittzahl oder Herzfrequenz kontinuierlich erfassen und auswerten können.

Experten erwarten, dass insbesondere der Markt für intelligente Pflaster (Smart Patches) in Zukunft weltweit starkes Wachstum erfährt.

Während auch in diesem Bereich noch eine Vielzahl von rechtlichen Aspekten zu klären ist, bevor Weareables umfassend in der Gesundheitsbranche angewendet werden können, zeichnen sich bereits heute nutzbringende Einsatzszenarien ab. So können Weareables z.B. bei der Compliance im Bereich Disease-Management-Programme unterstützen, indem sie überprüfen, ob der Patient Empfehlungen zu täglicher Bewegung annimmt und einhält.

Gesundheits-Apps

Die Zahl der Gesundheits-Apps für Smartphones und Tablet-Computer nimmt stetig zu. Die Grenzen zwischen Selbstüberwachung, Wellness, Virtuellem Coach und tatsächlich medizinischen Anwendungen sind dabei teilweise fließend. Der Integration in den ersten Gesundheitsmarkt stehen häufig hohe rechtliche Hürden gegenüber, sodass bislang nur sehr wenige Apps als Medizinprodukt zertifiziert wurden. Populäre Apps sind z.B.:

- Preventicus Hearbeats App (eine App, die per Handykamera den Herzrhythmus misst).
- mySugr (eine App für das Blutzuckermanagement).
- Tinnitracks (eine App für die neuroakustische Tinnitus-Therapie).

Bei der Betrachtung des App-Marktes lässt sich feststellen, dass ein Großteil der Apps mit großen Konzernen (Pharma, Medizintechnik) verbunden ist oder die Anbieter mutmaßlich Gewinnerzielungsabsichten verfolgen.

Prävention

Die AOK bietet beispielsweise eine Reihe von Online-Coaches zu verschiedenen Fragestellungen an. Ein Bereich, in dem besonders viele Lösungen existieren, ist die computergestützte Verhaltenstherapie, die z. B. bei Depressionen oder Angststörungen eingesetzt werden kann. Idealerweise unter ärztlicher Begleitung absolviert der Nutzer hierbei im Laufe von einigen Wochen eine Reihe von Lektionen, die durch Übungen zu Selbstreflexion und Selbstbeobachtung ergänzt werden. Zwei Beispiele sind etwa moodgym und deprexis (deprexis 2018, moodgym 2018).

Studien konnten nachweisen, dass enstprechende Programme signifikante Verbesserungen erreichen und z. B. auch zur Überbrückung von Wartezeiten auf eine ambulante Therapie oder zur Begleitung einer solchen eingesetzt werden können.

Blockchain

Blockchain ist nicht gleich Bitcoin. Dennoch hat die Popularität von Kryptowährungen auch das Interesse an der dahinter liegenden Technologie verstärkt. Auch, wenn sich die Mehrheit aktuell auf die Transaktion von monetären Einheiten fokussiert, ist das Potential von Blockchain viel größer.

So könnte die Technologie innerhalb des Gesundheitswesens die großen Probleme hinsichtlich der Sicherung von sensiblen Daten lösen. Für die Speicherung der Daten eignen sich die dezentralisierten Datenbanken aufgrund des enormen Speicherplatzbedarfes nicht sehr gut. Allerdings könnten Blockchains genutzt werden, um Zugriffsrechte zu verwalten. Dadurch erlangte der Patient die vollständige Kontrolle über seine Daten und vergäbe Lese- und

Schreibrechte an z.B. Ärzte und Krankenhäuser. Diese könnten so interdisziplinär Diagnosen und Therapien abgleichen. Gefährliche Multimedikationen könnten so vermieden werden (Schöbel 2017).

4 Herausforderungen und Chancen

4.1 Herausforderungen

Als Gründe für die zögerliche Umsetzung der Digitalen Transformation und Smart Data-Anwendungen im Gesundheitswesen können folgende Aspekte identifiziert werden (Abbildung 4):

- Komplexität der zugrundeliegenden Gesundheitsdaten,
- Vielzahl der beteiligten Akteure,
- Sensibilität von Gesundheitsdaten,
- Qualifikationsprobleme,
- Finanzierungsprobleme.

Gegenüber anderen Branchen oder Anwendungen von Großunternehmen, die als Vorreiter im Bereich Smart- und Big Data gelten, sind die Daten im Gesundheitswesen komplexer. Beispielsweise liegen Krankenkassen Daten über ihre Versicherten nur vor, wenn bereits ein abrechnungsrelevantes Ereignis stattgefunden hat. Über ihre gesunden Versicherten liegen kaum Daten vor. Grundsätzlich werden nur Routinedaten übermittelt, sodass möglicherweise gesundheitsrelevante Informationen wie Gewicht, Essgewohnheiten etc. nicht bekannt sind. Unterschiedliche Kataloge (DRG, OPS, PEPP etc.), die überdies jährlich überarbeitet werden, erschweren die einheitliche und konsistente Darstellung von Sachverhalten. Wirkzusammenhänge können vermutet, aber selten bis kaum nachgewiesen werden. Patientengruppen können nur bedingt miteinander verglichen werden, da spezifische Einflussfaktoren nicht immer sauber abgegrenzt werden können. Für viele interessante Fragestellungen liegen nicht ausreichend viele Datenpunkte zur Gewinnung statistisch relevanter Aussagen vor. Nicht zuletzt sind auch die häufig langen Betrachtungszeiträume bei der Analyse von Erkrankungsverläufen und die unterschiedliche Datenaktualität der verschiedenen Leistungsbereiche problematisch.

Komplexität der Daten und Zusammenhänge

- Unklare Wirkzusammenhänge
- Unvollständige Daten
- Disparate Daten (ambulant, stationär, Medikamente)
- Unscharf abgegrenzte Sachverhalte (Diagnose, DRG, OPS)
- Zeitliche Zusammenhänge (Metadaten?)
- Häufige Änderung von Rahmenbedingungen
- Lange Betrachtungszeiträume
- Unklare Vergleichbarkeit
- Unterschiedliche Datenaktualität

Datenschutz

- Was darf die Kasse?
- Wie ist die Akzeptanz der Versicherten?

Finanzierung

- Wie können langfristig finanzierbare Betriebsmodelle geschaffen werden?
- Wie werden Win-Win-Win-Konstellationen generiert?

Abb. 4: *Herausforderungen beim Einsatz von Smart Data im Gesundheitswesen.*
 Quelle: Eigene Darstellung.

Während Internetnutzer häufig keine Bedenken haben, auf sozialen Plattformen auch private Informationen zur Verfügung zu stellen, haben Versicherte zurecht den Anspruch, dass ihre sensiblen Gesundheitsdaten nach höchsten Standards gesichert und geschützt werden. Entsprechend hohe Standards müssen auch bei der Nutzung und Analyse gesundheitsrelevanter Daten angelegt werden (§§67-67d SGB X). Sollen über die anonymisierten Routinedaten hinaus Informationen erfasst werden, muss das Einverständnis der Versicherten eingeholt werden.

Neben der Vielzahl an Leistungserbringern, die an der Behandlung von Patienten beteiligt sind, erschwert auch die mangelnde Nutzung von standardisierten Schnittstellen zum Datenaustausch die Durchdringung des Gesundheitswesens mit digitalisierten Kommunikationslösungen. Es ist zu hoffen, dass durch die Etablierung erster integrierter digitaler Gesundheitsnetzwerke und den weiteren Ausbau der Telematik-Infrastruktur zunehmend entsprechende Standards genutzt und eingebunden werden.

Im Rahmen der Studie „Big Data im Krankenversicherungsmarkt" (Radic et al. 2016) wurden Kassenmitarbeiter überwiegend aus Leitungspositionen hinsichtlich der Hemmnisse in Bezug auf Big Data befragt. Eine Mehrheit gab hier fehlende Big Data-Strategie sowie mangelnde personelle Ressourcen an. Es scheint, als ob das Thema auf vielen Mitarbeiterebenen noch Unsicherheit hervorruft.

Im Rahmen von Förderprojekten, aktuell z. B. dem Innovationsfonds, lässt sich häufig beobachten, dass selbst vielversprechende Ideen zur Versorgungsinnovation nach Auslaufen der Förderung aus finanziellen Gründen nicht in die Regelversorgung übergehen. Bereits im Rahmen der Antragstellung sollte daher geklärt werden, unter welchen Konditionen eine Überführung in den Regelbetrieb und eine Refinanzierung der Kosten denkbar sind. Aus Sicht der Krankenkassen sollten Projekte umgesetzt werden, die eine Win-Win-Win-Situation für Versicherte, Leistungserbringer und die Krankenkassen schaffen.

4.2 Digitalisierung als Jobkiller?

Der zunehmende Einsatz von digitalen Technologien und in letzter Zeit insbesondere Künstlicher Intelligenz verunsichert nicht wenige Arbeitnehmer und weckt Ängste und Bedenken. Horrormeldungen berichten davon, dass bis zu 50% der heute von Menschen ausgeführten Tätigkeiten künftig von Maschinen erledigt werden (Abbildung 5). Gerade in der Versicherungswirtschaft scheinen große Potenziale zu bestehen, Aufgaben im Massengeschäft wie Rechnungsprüfung oder Leistungsbewilligung künftig durch Prozessautomatisierung und Roboter zu bearbeiten.

Gleichzeitig werden durch die Digitale Transformation neue Aufgabengebiete und Tätigkeitsfelder geschaffen. Jeder einzelne Mitarbeiter wird sich künftig stärker mit Themen wie Analytik und digitalen Assistenten auseinandersetzen müssen.

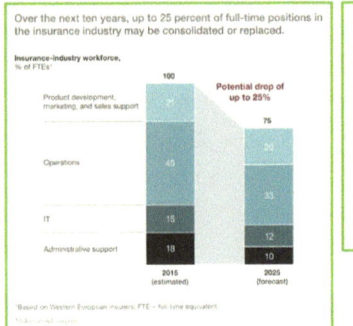

Abb. 5: Ausgewählte Pressemeldungen.
Quelle: McKinsey 2016, Focus 2017, futurezone 2017, manager magazin 2017.

Für die Arbeitgeber stellt sich die Frage, wie sie ihre Arbeitnehmer auf die neuen Aufgaben vorbereiten und qualifizieren können und wie sie neue Mitarbeiter mit relevantem Kompetenzspektrum gewinnen und binden können.

4.3 Chancen

Trotz aller Herausforderungen bietet die Digitale Transformation auch Chancen für Arbeitnehmer, Versicherte und Patienten, Leistungserbringer und Kostenträger (Abbildung 6).

Mitarbeiter

- Weniger Routineaufgaben
- Neue Kompetenzprofile
- Neue Arbeits- und Herangehensweisen (Interdisziplinarität, Projektarbeit)
- Lebenslanges Lernen und Qualifizierung (Onlinetraining)

Versorgung

- Mehr Sicherheit und Prävention
- Bessere Entscheidungen und bessere Qualität
- Geringere Kosten
- Mehr Einbindung der Patienten in die Versorgung

Krankenkasse

- Positionierung als attraktiver Arbeitgeber
- Langfristige Daseinsberechtigung
- Glaubhafte Verknüpfung von Digitalisierung mit Unternehmenswerten
- Rolle als Gestalter und Partner (vom Payer zum Player)

Abb. 6: Chancen der Digitalen Transformation.
Quelle: Eigene Darstellung.

Mitarbeiter könnten künftig von Routinetätigkeiten entlastet werden und verstärkt strategisch relevante Aufgaben übernehmen. Es werden neue Kompetenzprofile und Karrierepfade entstehen. Die Art der Zusammenarbeit wird vermehrt bereichsübergreifend und projektbasiert organisiert werden. Personalentwicklungsabteilungen werden vor die Aufgabe gestellt, für ihre Mitarbeiter Möglichkeiten der kontiunierlichen Weiterentwicklung zu erarbeiten, möglicherweise kann auch hier die digitale Transformation einen Beitrag leisten, z. B. durch Online-Trainings und e-Learning.

Versicherte und Patienten profitieren von einer stärkeren Einbindung in Versorgungsprozesse und Entscheidungsfindung. Eine größere Transparenz zum Versorgungsgeschehen und ein besseres Verständnis zu gesundheits- und krankheitsrelevanten Themen ermächtigen den Patienten, als Partner an der Versorgung teilzunehmen. Gleichzeitig ermöglicht der Einsatz von Decision Support-Systemen eine höhere Qualität der Versorgung und eine stärker leitlinien- und evidenzbasierte Medizin. Die Vernetzung der an der Behandlung beteiligten Leistungserbringer vermeidet Informationsdefizite und einen jederzeit abgestimmten Konsens zum weiteren Vorgehen. Durch die Vermeidung von Komplikationen, eine frühzeitigere Erkennung von drohenden Entgleisungen sowie digitale Präventionsangebote, bestehen auch Potenziale zur Kostensenkung, sowohl bei den Versorgungsprozessen als auch bei den Krankheitskosten.

Krankenkassen bietet sich die Möglichkeit, mit neuen Tätigkeitsprofilen und Aufgabengebieten jenseits des Routinegeschäfts junge Talente anzuziehen und sich als attraktiver Arbeitgeber zu positionieren. Wenn Routinetätigkeiten durch Computer erledigt werden, muss sich jede Krankenkasse neu fragen, wie sie sich am Markt positionieren möchte und was ihre langfristige Daseinsberechtigung ist. Unternehmenswerte wie z.B. für die AOK „Sicherheit, Nähe, Innovation, Gesundheit" müssen in die digitale Welt transferiert und glaubhaft vermittelt und gelebt werden. Durch intensivere Einbindung in Innovationsthemen und Versorgungsprozesse könnte es den Kostenträgern schließlich gelingen, eine stärker gestaltende Rolle als bislang einzunehmen, gemäß der Devise: „Vom Verwalter zum Gestalter" bzw. „vom Payer zum Player".

5 Fazit

Im deutschen Gesundheitswesen bestehen noch große Potenziale, Effektivität und Effizienz durch den Einsatz digitaler Technologien zu steigern und aus den vorhandenen Daten durch den Einsatz „smarter" Analysetechniken neue Erkenntnisse zu gewinnen. Im Fokus aller Überlegungen und Anstrengungen muss hierbei der Versicherte und Patient stehen. Nur wenn ein klarer Zusatznutzen erkennbar ist, werden Versicherte und Leistungserbringer neue Technologien adoptieren und Vertrauen in eine digitale Zukunft gewinnen.

Um Kompetenzen und Kenntnisse der Mitarbeiter im Gesundheitswesen zum Thema Digitale Transformation auszubauen, sollten spezialisierte Ausbildungen oder Weiterbildungsmöglichkeiten geschaffen werden (Bundesministerium für Gesundheit 2017).

Um Versorgungsprozesse digital zu transformieren, müssen alle Beteiligten an einem Strang ziehen. Wie schwierig sich Entscheidungsprozesse gestalten können, zeigt sich am Thema Telematik-Infrastruktur. Auch die Politik muss verlässliche Rahmenbedingungen schaffen, um Innovationen zu fördern. So sind beispielsweise wichtige rechtliche Rahmenbedingungen zum Thema elektronische Patientenakte weiterhin ungeklärt bzw. entsprechen nicht mehr dem aktuellen Stand der Technik.

Die Entwicklung neuer digitaler Konzepte muss auf der Grundlage einheitlicher Standards erfolgen, damit ein ungehinderter Datenaustausch zwischen Akteuren möglich ist und nicht weitere Insellösungen entstehen. Das bedeutet nicht, dass eine Monokultur, dass z. B. die eine e-Patientenakte entstehen soll. Ganz im Gegenteil sollten unterschiedliche Lösungen am Markt miteinander um die Gunst der Versicherten konkurrieren dürfen, es muss allerdings eine gegenseitige Interoperabilität sichergestellt sein.

Schließlich wird empfohlen, digitale Innovationen gezielt zu fördern und an deren Entwicklung mitzuwirken. Gesundheits-Startups sind häufig auf Expertise aus den Bereichen der Kostenträger oder Leistungserbringer angewiesen. Gemeinsam können bereits zu Beginn der Entwicklung eines Produktes oder Projekts wichtige Rahmenbedingungen berücksichtigt werden, um eine erfolgreiche Einführung zu erleichtern. So arbeitet die AOK PLUS z. B. im Rahmen der Digital Hub Initiative mit Gründern und Startups gemeinsam an neuen Versorgungslösungen.

6 Literatur

AOK (2018): Das Gesundheitsnetzwerk. (Online) www.aok-gesundheitsnetzwerk.de (13.07.2018).

Ballhaus, W. et al. (2015): Media Trend Outlook – Weareables: Die tragbare Zukunft kommt näher. PricewaterhouseCoopers AG Wirtschaftsprüfungsgesellschaft (PwC). (Online) www.pwc.de/wearables (26.06.2018).

BITCOM (2014): Big-Data-Technologien – Wissen für Entscheider. Berlin.

Bögeholz, H. (2017): Künstliche Intelligenz: AlphaGo Zero übertrumpft AlphaGo ohne menschliches Vorwissen. (Online) https://www.heise.de/newsticker/meldung/Kuenstliche-Intelligenz-AlphaGo-Zero-uebertrumpft-AlphaGo-ohne-menschliches-Vorwissen-3865120.html (16.02.2018).

Bundesministerium für Bildung und Forschung (BMBF) (2009): Intelligente Implantate – Steckbriefe der ausgewählten Projekte der BMBF-Fördermaßnahme. (Online) https://www.bvmed.de/download/bmbf-steckbrief-intelligente-implantate (26.06.2018).

Bundesministerium für Gesundheit (Hrsg.) (2017): ePflege – Informations- und Kommunikationstechnologie für die Pflege. Berlin, Vallendar, Köln.

Bundesministerium für Wirtschaft und Energie (BMWI) (2017): Monitoring-Report Wirtschaft DIGITAL 2017. Berlin. (Online) www.bmwi.de (26.06.2018).

deprexis (2018): deprexis® 24 – Ihr Online-Therapieprogramm bei Depressionen. (Online) www.deprexis24.de (12.02.2018).

Focus (2017): Job-Hammer: Roboter ersetzen die Hälfte der deutschen Arbeitsplätze. (Focus Online 27.03.2017) https://www.focus.de/finanzen/boerse/zukunft-der-arbeit-die-neue-german-angst_id_6816692.html (13.07.2018).

futurezone (2017): Digitalisierung: Jobs von Bilanzprüfern in Gefahr. Artikel vom 11.10.2017. (Online) https://www.futurezone.de/b2b/article212203613/Digitalisierung-Jobs-von-Bilanzpruefern-in-Gefahr.html (13.07.2018).

G-BA (2017): Innovationsausschuss: Förderbekanntmachung Versorgungsforschung zum themenspezifischen Bereich. (Online) https://innovationsfonds.g-ba.de/versorgungsforschung/foerderbekanntmachung-versorgungsforschung-zum-themenspezifischen-bereich.13 (16.02.2018).

Haas, P. (2017): Elektronische Patientenakten – Einrichtungsübergreifende Elektronische Patientenakten als Basis für integrierte patientenzentrierte Behandlungsmanagement-Plattformen. BertelsmannStiftung. Gütersloh. (Online) www.bertelsmann-stiftung.de (26.06.2018).

Krankenhausnavigator (2018): AOK Krankenhausnavigator. Ein Angebot der Weisse Liste. (Online) www.weisse-liste.krankenhaus.aok.de (15.02.2018).

manager magazin (2017): Japanischer Versicherer ersetzt 34 Leute durch Künstliche Intelligenz. Manager magazin online 05.01.2017. (Online) http://www.manager-magazin.de/digitales/it/kuenstliche-intelligenz-japanischer-versicherer-ersetzt-menschen-durch-ki-a-1128653.html (13.07.2018).

Mauruschat, F. (2016): Mensch gegen Maschine. (Online) www.spiegel.de/netzwelt/gadgets/schach-und-kuenstliche-intelligenz-geschichte-einer-beziehung-a-1066976.html (16.02.2018).

McKinsey (2016): Automating the Insurance Industry. Mc Kinsey Quaterly Januar 2016. (Online) https://www.mckinsey.com/industries/financial-services/our-insights/automating-the-insurance-industry (13.07.2018).

moodgym (2018): Über moodgym. (Online) www.moodgym.de (12.02.2018).

Radic, D. et al. (2016): Big Data im Krankenversicherungsmarkt. White Paper. Fraunhofer IMW/Gesundheitsforen Leipzig GmbH/Universität Leipzig. Leipzig.

Schöbel, M. (2017): Blockchain im Gesundheitswesen. Trenddossier der Gesundheitsforen. Nr. 12/2017. Leipzig.

TK (2018): TK-Safe – die elektronische Gesundheitsakte (eGA): (Online) https://www.tk.de/techniker/unternehmensseiten/elektronische-gesundheitsakte-2028798 (13.07.2018).

Michael Schaaf

Gesetzliche Krankenkassen und Digitalisierung: Auf dem Weg zu neuen Rollen

1. Ausgangssituation
2. Die digitale Revolution findet in der medizinischen Versorgung statt
3. Thesen zur Digitalen Transformation Gesetzlicher Krankenkassen
4. Digitalisierungsansätze für Gesetzliche Krankenkassen
5. Fazit
6. Literatur

Stichwörter: Digitalisierung, Digitalisierungsstrategien, Gesetzliche Krankenversicherung, GKV, Künstliche Intelelligenz, Predictive Analytics, Workflow, Prozessmanagement.

Zusammenfassung: Die Digitalisierung wird auch das Gesundheitswesen ganz erheblich verändern. Dabei stehen im Mittelpunkt der aktuellen Diskussion vor allem die geradezu revolutionären Veränderungen, die sich in den Bereichen der Diagnostik und Therapie abzeichnen. Bei genauer Betrachtung fällt auf, dass praktisch keine Trennung zwischen den Wirkungen auf der Seite der unmittelbaren medizinischen Versorgung und der Seite der Kostenträger, insbesondere den gesetzlichen Krankenkassen, vorgenommen wird. Dabei zeigt die Praxis bereits heute, dass die Digitalisierung auf Leistungserbringer- und Kostenträgerseite ganz unterschiedliche Wirkungen haben wird. Tatsächlich könnte am Ende die Ausprägung neuer Rollen stehen, die mit einer organisatorisch-strukturellen Neujustierung insbesondere bei den Kassen einhergeht. Für den Wettbewerb in der GKV ist diese Erkenntnis erfogskritisch, weil sie es im Ergebnis zeigt, wie wichtig es ist, frühzeitig die Weichen für eine rollengerechte Digitalisierungsstrategie zu stellen.

1 Ausgangssituation

Das Verständnis für die Digitalisierung im Gesundheitswesen ist mittlerweile in der Mitte der Gesellschaft angekommen. Es vergeht kaum eine Woche, ohne dass die unterschiedlichen Medien über den Stand der Entwicklung berichten (siehe für viele: „App auf Rezept", Müller 2017). Dabei braucht es nicht viel Fantasie, um zu erkennen, welche Möglichkeiten sich bereits heute durch den Einsatz moderner Smartphones z. B. in der Prävention ergeben, was künstliche Intelligenz in der Diagnostik möglich macht oder welche Optionen in der Robotik stecken, um nur wenige Beispiele zu nennen.

Die Mehrwerte moderner Technologie lassen sich schnell zusammenfassen: Schnellere und sicherere Diagnostik werden einerseits zu zielgenaueren Prognosen und damit besserer Behandlung führen. Gleichzeitig wird sich die Ausbildung in den medizinischen und medizinnahen Berufen verändern. Durch die Möglichkeiten von Virtual & Augmented Reality wird medizinisches Wissen darüber hinaus in einer bisher nicht gekannten Weise auch Laien zugänglich gemacht. Damit wird auch die politisch gewünschte Stärkung der Patientensouveränität Realität. Im pflegerischen Bereich entstehen durch Robotik, Internet of Things (IoT) und künstliche Intelligenz etc. ebenfalls ganz neue Optionen für ein möglichst langes und selbstbestimmtes Leben in den eigenen vier Wänden. Der aktuell intensiv diskutierte Fachkräftemangel in der Pflege könnte zudem durch moderne Technologie abgefedert werden.

Das Augenmerk liegt somit vor allen Dingen auf der Frage, wie die unterschiedlichen Aspekte der Digitalisierung die Versorgungsqualität verbessern können. Interessanterweise findet in der öffentlichen Diskussion kaum eine Trennung zwischen den beiden zentralen Akteuren des deutschen Gesundheitswesens, den Leistungserbringern und den Kostenerstattern – und hier insbesondere den gesetzlichen Krankenkassen – statt. Das ist interessant, weil, wie der Beitrag zeigt, die Digitalisierung tatsächlich nicht nur die Trennung zwischen den beiden Bereichen forcieren wird, sie kann mittel- bis langfristig auch die Strukturen und Spielregeln des Gesundheitswesens, so wie wir es kennen, nachhaltig verändern.

2 Die digitale Revolution findet in der medizinischen Versorgung statt

Im Mittelpunkt der aktuellen Diskussion stehen, wie die obigen Beispiele zeigen, vor allem die neuen Möglichkeiten in Diagnostik und Therapie, insbesondere durch moderne analytische Methoden und durch die rasante Entwicklung im Bereich der Künstlichen Intelligenz. Hier liegt insofern auch folgerichtig der eindeutige Schwerpunkt von weltweit hunderten Unternehmensgründungen („Startups") in den letzten Jahren und einer täglich wachsenden Zahl von Gesundheits-Apps. Verbunden damit ist natürlich die berechtigte Hoffnung vieler Menschen auf neue, vielversprechende Therapieansätze auch für schwerste chronische Krankheiten. Mit anderen Worten: Die Digitalisierung führt zu einer dramatischen Erweiterung von Lösungsansätzen auf der Seite der medizinischen Behandlungsmöglichkeiten.

Nun könnte man an dieser Stelle ausführlich über das Problem der Zulassung neuer Lösungen/Leistungen sprechen, über die Tatsache, dass der rechtliche Rahmen (mal wieder) den tatsächlichen Gegebenheiten des Lebens und des Marktes hinterherläuft (hierzu exemplarisch Vorberg 2018, S. 334 f.), man könnte über die gesundheitsökonomischen und datenschutzrechtlichen Risiken diskutieren, die eine Ausweitung des Leistungskataloges für das deutsche Gesundheitssystem mit sich bringt. Da diese Diskussionen aber nicht neu sind – und was den Datenschutz betrifft, im Beitrag von Hanika in diesem Band vertieft diskutiert werden – soll der Blick an dieser Stelle auf einen anderen Aspekt gelenkt werden, nämlich auf die künftige Rolle der gesetzlichen Krankenkassen in einer Welt des rasanten digitalen Wandels.

Betrachtet man das historisch gewachsene System des deutschen Gesundheitswesens, so lässt sich vereinfacht von einer ausgewogenen Struktur sprechen, in der Kostenträger und Leistungserbringer politisch nahezu gleichrangige Partner sind. Dabei haben die Kassen sich allerdings gerade in den letzten rund zwanzig Jahren zunehmend mehr als Gestalter der Gesundheitsversorgung und immer weniger als deren Verwalter gesehen. Mit der Einführung der sogenannten Disease Management Programme ist den Kassen beispielsweise eine zentrale Rolle in der Versorgungssteuerung zugekommen, an deren Nahtstelle sich die Trennlinien der Gesundheitsversorgung zwischen den unterschiedlichen Beteiligen aufzulösen schienen. Werden nun aber die zuvor skizzierten Beispiele näher betrachtet, dann stellt sich die Frage, ob sich unter den Vorzeichen der Digitalisierung nicht auch die heutige Rollenverteilung zwischen Leistungserbringern und Kostenträgern wieder verändern wird?

Der aus gesundheitswissenschaftlicher Sicht sowie aus der Perspektive der Versicherten und Patienten wirklich spannende Teil der digitalen Revolution findet eindeutig in den Bereichen der Diagnostik und Therapie statt. Es ist daher mit großer Wahrscheinlichkeit anzunehmen, dass auch die Gesundheitspolitik in den nächsten Jahren, gerade auch unter den Vorzeichen knapper Ressourcen, im Zweifel diesen Bereich tendenziell stärken wird – und zwar zu Lasten der Gesundheitsverwaltung. Nach Erkenntnis des Verfassers sind die Digitalisierungsthemen, die auf Kassenseite die Diskussion bestimmen, überwiegend im Bereich der Prozessoptimierung sowie des verbesserten Kundenservices angesiedelt. Hierzu geben auch Edinger/Waack in diesem Band verschiedene Beispiele. Die Stichworte sind Chat Bots, Blockchain, Online-Geschäftsstelle, Outputmanagement, Dunkelverarbeitung etc. Business Intelligence oder Predictive Analytics sind hier Themen, die insbesondere im Risikomanagement zum Tragen kommen. Mit anderen Worten: Digitale Strategien gesetzlicher Krankenkassen haben jetzt und künftig vor allem das Ziel, die Personal- und Verwaltungskosten zu reduzieren und den Service für die Versicherten zu verbessern; sie werden künftig vermutlich weniger dazu dienen, die Gesundheitsversorgung zu optimieren. Tendenziell dürfte das Versorgungsmanagement der Kassen an Gewicht verlieren.

Wenn diese Einschätzung richtig ist, ergibt sich aber zugleich unmittelbar die Frage nach dem künftigen Verhältnis zwischen Kostenträgern und Leistungserbringern: Sollen und können gesetzliche Krankenkassen, die im Bereich der Gesundheitsdienstleistungen von den digitalisierungsbedingten Fortschritten weit weniger profitieren als die Leistungserbringer, künftig überhaupt noch eine führende Rolle wahrnehmen, wenn es darum geht, das Gesundheitsmanagement der Zukunft zu organisieren? Dazu einige Beispiele, die zeigen, in welche Richtung sich Prozesse verändern können (und sehr wahrscheinlich in absehbarer Zeit verändern werden):

- Moderne KI-Systeme wie IBM´s „Watson" könnten künftig im Rahmen von Therapieentscheidungen zu den wichtigsten Partnern von Ärzten und Patienten werden. Auf der Basis aller relevanten Patienteninformationen sowie einer weltweiten, permanent lernenden Datenbankstruktur werden seitens des KI-Systems individualisierte Therapievorschläge mit Chancen und Risiken gemacht, die der Patient unmittelbar mit seinem Arzt besprechen kann. Der Krankenkasse bliebe hier letztendlich nur noch die Genehmigung oder Ablehnung der vorgeschlagenen Behandlung und die Bewilligung der Kostenübernahme. In einer komplett digitalisierten Welt würde auch dieser Vorgang vollautomatisiert ablaufen (Chatbot, Blogchain etc.).

- Das heutige Verfahren zur Bewilligung des Zahnersatzes über den sogenannten Heil- und Kostenplan ist aus der Perspektive einer digitalisierten Welt geradezu ein Anachronismus: Der Zahnarzt bespricht mit dem Patienten die notwendige Behandlung. In der Folge wird dem Patienten der Heil- und Kostenplan mit der Kostenaufstellung ausgehändigt. Dieser wird dann vom Patienten (zusammen mit dem händisch ausgefüllten Bonusheft) per Post an seine Krankenkasse geschickt. Die Genehmigung (die durchaus einige Wochen dauern kann) wird dem Patienten dann ebenfalls von der Kasse über die Post zugestellt. Jetzt kann der Patient einen Termin für den Behandlungsbeginn abmachen. Nach Abschluss der Behandlung zahlt der Patient seinen evtl. Eigenanteil. Ggf. reicht er die Abschlussrechnung noch an seine private Zusatzversicherung weiter. Ein moderner Prozess sieht so aus, dass noch direkt in der Praxis ein digitales Genehmigungsverfahren ausgelöst würde (idealer Weise auch in Richtung der – sofern vorhanden – privaten Zusatzversicherung). Eine sozialversicherungsrechtliche Beratung über die Rechte und Pflichten des Versicherten könnte auch in der Praxis z.B. durch eine entsprechend fortgebildete Sprechstundenhilfe, übernommen werden. Die Behandlung könnte unmittelbar beginnen.

- An die Stelle komplexer und pauschaler Versorgungsverträge, die kassenseitig gemanagt und controllt werden müssen, treten vermehrt gezielte Einzelverträge mit Leistungserbringern, die sich auf Basis (anonymisierter) Daten über einen längeren Zeitraum als hochgradig erfolgreich und effizient bei der Behandlung von bestimmten Erkrankungen gezeigt haben. Die Auswertung und Identifikation z. B. von geeigneten Praxen erfolgt über moderne Methoden der predictiven Analytik. Auf der Basis der so gewonnenen Erkenntnisse wird den jeweiligen Praxen bzw. medizinischen Einrichtungen ein Vertrag für die Behandlung der zuvor als versorgungsrelevant identifizierten Erkrankungen angeboten. Das Einsteuern der in Frage kommenden Patienten übernimmt die Kasse über ihre diversen Kommunikationskanäle. Die Kasse identifiziert die für sie bestmöglichen Leistungserbringer. Die Details der Versorgung übernimmt aber alleine der medizinische Vertragspartner. Genehmigungs- und Abrechnungsmodalitäten erfolgen wie bereits zuvor beschrieben über digitale Kanäle wie Chatbots und/oder Blogchainmechanismen.

Es gibt weitere sehr aktuelle Beispiele, die zeigen, wie sehr die Digitalisierung bereits Ausrufezeichen setzt, während die Akteure der Gesundheitspolitik noch die Schlachten der Vergangenheit schlagen. Dazu gehört u. a. die Ankündigung von Apple, eine elektronische Patientenakte im Rahmen eines kommenden Updates in iOS zu integrieren. Um Angaben auf Vorerkrankungen, zu Allergien, Impfungen, Medikation, Laborergebnissen und weiteren gesundheitsrelevanten Informationen integriert abbilden zu können, setzt Apple auf den Standard Fast Healthcare Interoperability Resources (FHIR) (Apple Pressemitteilung vom 24. Januar 2017). Interessant ist dabei, dass hier große internationale IT-Konzerne wie Apple, Google und andere in einem unmittelbaren Entwicklungswettbewerb mit Krankenkassen und anderen Gesundheitsunternehmen stehen. Letztere sind derzeit aber noch ein gutes Stück entfernt von echten Erfolgsmeldungen. Apple dagegen wird die Akte in Kürze auf den Markt bringen. Die Frage der Akzeptanz liegt dann letztendlich bei den Endverbrauchern und ihren Ärzten. Die bessere Ausgangsposition, sowohl technologisch als auch finanziell sowie marketingseitig, haben aber eindeutig die internationalen technologischen Weltmarktführer. Insofern ist es mehr als fraglich, ob die Kassen ausgerechnet im Umfeld der Thematik Patientenakte eine zukunftsfähige Rolle spielen werden (abweichend positiv dazu Baas 2018 und ebenso Edinger/Waack in diesem Band). Die Patienten werden die Lösungen der Kassen letztendlich immer mit den ihnen bekannten Lösungen der IT-Unternehmen vergleichen.

Das alles lässt den Schluss zu, dass die Digitalisierung auch dazu führen wird, die Rollen innerhalb unseres Gesundheitswesens neu zu justieren. Hierzu sollen drei Thesen zur Digitalen Transformation zur Diskussion gestellt werden.

3 Thesen zur Digitalen Transformation Gesetzlicher Krankenkassen

3.1 Die Digitalisierung verändert die Rollen im Versorgungsmanagement

Die Aufgaben der Krankenversicherung in Deutschland sind grundsätzlich in § 1 SGB V beschrieben. Danach hat die Krankenversicherung die Aufgabe, die Gesundheit der Versicherten zu erhalten, wiederherzustellen oder ihren Gesundheitszustand zu verbessern. Allerdings sind es nicht die Kassen selbst, die diesen Auftrag in Deutschland umsetzen („sicherstellen"), sondern traditionell deren Vertragspartner auf ärztlicher Seite sowie bei den Krankenhäusern und sonstigen medizinnahen Dienstleistern. Die Rollen sind klar verteilt: Auf der einen Seite die Krankenkassen als „Kostenträger" und auf der anderen Seite die medizinischen Dienstleister als „Leistungserbringer". Tatsächlich hat das System der bewussten Trennung von Finanzierungssicherung und Leistungserbringung bis heute wesentlich zur Stabilität der allgemeinen Gesundheitsversorgung in Deutschland bei hoher Qualität beigetragen. Mit der Einführung von Wettbewerbselementen und dem sie begleitenden Risikostrukturausgleich wurde ein neuer Impuls gesetzt, der die Krankenkassen von klassischen Verwaltungseinheiten hin zu modernen serviceorientierten Dienstleistungsunternehmen (Stichwort „vom Verwalter zum Gestalter") entwickeln sollte. Eine der wesentlichen Folgen war eine beispiellose Fusionswelle bei den Krankenkassen von 1147 (1990) bis aktuell (1.1.2018) 110. Eine andere ergab sich mit der Einführung der „Integrierten Versorgung" durch die Gesundheitsreform 2000 und mit dem Gesetz zur Reform des Risikostrukturausgleichs in der gesetzlichen Krankenversicherung (vom 10. Dezember 2001) und den seinerzeit eingeführten Disease Management Programmen (DMP). In der Folge wurde das Thema Versorgungsmanagement bei vielen Kassen zu einer zentralen strategischen und unternehmerischen Aufgabe und es wurden zwischenzeitlich bundesweit zahlreiche mehr oder weniger erfolgreiche Versorgungsprojekte unter der Federführung der Krankenkassen durchgeführt. Damit kann – vereinfacht ausgedrückt – gesagt werden, dass das Geschäftsmodell der Krankenkassen in den letzten knapp 20 Jahren um Themen der klassischen Gesundheitsversorgung erweitert worden ist.

Allerdings besteht nun Grund zu der Annahme, dass ausgerechnet durch die Digitalisierung die Bedeutung der Krankenversicherung im Versorgungsmanagement sukzessive wieder zurückgehen wird. Der Grund dafür liegt in der oben skizzierten Veränderung der Behandlungsprozesse durch moderne Analytik und künstliche Intelligenz. Die wichtigsten, uns alle betreffenden Veränderungen durch die Digitalisierung wird es in Diagnostik und Therapie geben. Und genau davon werden viele der chronisch Erkrankten profitieren, die aktuell im Fokus der Versorgungsprogramme stehen. Ob es in der Folge noch notwendig ist, Chronikerprogramme durch die Kassen anzubieten, wird sich zeigen, erscheint aber fraglich, weil die Kassen dann auch Strukturen vorhalten müssten, die in der Lage sind, dem rasanten medizinischen Fortschritt zu folgen; zudem müssten sie in der Lage sein, Therapien/Versorgungsprogramme zeitnah anzupassen oder sogar komplett zu verändern. Berücksichtigt man das enge rechtliche Korsett, dem die Kassen unterliegen und die knapper werdenden Ressourcen im Gesundheitswesen, so darf man hier sicherlich skeptisch sein. Wahrscheinlicher ist, dass die Versicherungsrolle der Kassen, also die tradierte Rolle des Kostenträgers, wieder gestärkt wird. Das dann allerdings unter den Vorzeichen moderner, digitalisierter und kundenorientierter Dienstleistungsunternehmen.

3.2 Die Digitalisierung bei den Kassen betrifft vor allem die Modernisierung von Organisation und Prozessen

Die Digitalisierung hat aber natürlich auch, unabhängig von der primären Bedeutung für den medizinischen Fortschritt, erhebliche Auswirkungen auf die gesetzlichen Krankenkassen als Unternehmen. Es wurde oben gezeigt, dass viele der heutigen Aufgaben im Bereich der Sachbearbeitung vermutlich in wenigen Jahren automatisiert sein werden. Das wird umso schneller gehen, je mehr Aufgaben und Prozesse einem festen rechtlichen Regelwerk folgen. Anders ausgedrückt: In der gesetzlichen Krankenversicherung sind viele Prozesse bestens für eine Automatisierung durch Bots und andere Elemente der Künstlichen Intelligenz geeignet. Das betrifft die Genehmigungsprozesse ebenso wie die diversen Abrechnungsprozesse mit den Vertragspartnern und Kunden. Damit ist klar, dass die Veränderungen, die den Krankenkassen bevorstehen, ihre Organisation und Prozesse im Kern berühren. Das Berufsbild des Sozialversicherungsfachangestellten wird sich dabei ebenfalls radikal verändern. Künftig ist weniger der sozialrechtlich versierte Fachexperte als Sachbearbeiter gefragt, sondern der kundenorientierte Berater, der in der Lage ist, die Versicherten bei Bedarf durch die vielfältigen Möglichkeiten künftiger Selfserviceangebote zu lotsen. Beispiele dafür, wie sich die Aufgaben verändern können, finden wir bereits heute bei Onlinedienstleistern wie Ebay oder Amazon, wo spezialisierte Callcenter-Mitarbeiter den Kunden helfen, sich besser bei den Angeboten und Services zurecht zu finden.

Die künftigen Mitarbeiter von Krankenkassen werden vermutlich auch deshalb noch mehr als heute generalistisch ausgebildet sein, weil sich ihre Aufgaben und Tätigkeitsfelder in Zukunft deutlich schneller verändern werden, als bisher gewohnt. Darüber hinaus wird bei den Krankenkassen in den kommenden Jahren, in denen die meisten der genannten Veränderungen umzusetzen sein werden, ein großer Bedarf an IT-affinen GKV-Experten bestehen, deren Aufgabe darin liegt, die bestehenden Prozesse sicher und kundenorientiert in moderne digitale Prozesse zu überführen. Agiles Projektmanagement wird für die Kassen in den nächsten Jahren auch vor diesem Hintergrund zur Selbstverständlichkeit und sollte daher möglichst bald fester Bestandteil von Aus- und Fortbildung sein. Damit ändert sich aber auch die Art und Weise der täglichen Zusammenarbeit dramatisch und es bedarf neuer Change Management Ansätze für Krankenkassen, die sich zu agilen Versicherungsunternehmen entwickeln.

3.3 Digitalisierung justiert die Aufgabenschwerpunkte der Krankenkassen neu

Es wurde wiederholt festgestellt, dass die gesundheitspolitisch größte Bedeutung der Digitalisierung in den Bereichen Diagnostik und Therapie liegt. Natürlich ergeben sich daraus auch zwingend Änderungen in Organisation und Prozessen bei den Leistungserbringern. Diese spielen aus der Perspektive von akut- und chronisch kranken Patienten aber nur dann eine Rolle, wenn sie das Genehmigungs- und Abrechnungsprocedere mit der Krankenkasse betreffen. Aus der Sicht des Kundenbeziehungsmanagements wird an diesem Punkt besonders deutlich, wie sich die Rollen der Akteure verändern. Die Patienten werden beispielsweise wenig Verständnis dafür haben, wenn sich der Beginn einer Behandlung durch analoge Genehmigungsszenarien „verzögert". Während die Digitalisierung auf medizinischer Seite dazu führen wird, dass sich die Hoffnungen vergrößern, die viele Menschen in eine individualisierte und damit effektivere Therapie setzen, bleibt den Krankenkassen nur die Rolle, die Behandlung schnellstmöglich und so umfassend wie es die rechtlichen Rahmenbedingungen zulassen, zu „administrieren". Dieses Beispiel lässt die Vermutung zu, dass sich die Kassen (im wörtlichen Sinne) stärker in Richtung moderner Versicherungsunternehmen entwickeln werden und auf ihrer Seite die Bedeutung von Versorgungsmanagement tendenziell eher zurückgehen wird. Schnelle, sichere und kundenfreundliche Genehmigungs-, Abrechnungs-, Auskunfts- und Beratungsprozesse entscheiden dann über den Erfolg im Wettbewerb und die Akzeptanz bei den Versicherten.

Für die künftigen Digitalisierungsstrategien der Kassen ergibt sich daraus, wie nachfolgend gezeigt wird, eine klare Fokussierung auf die unmittelbaren Kundenprozesse.

4 Digitalisierungsansätze für Gesetzliche Krankenkassen

4.1 Stellhebel der Digitalen Transformation

Krankenkassen beschäftigen sich vor allem aus zwei Gründen mit der Digitalisierung: Einerseits sehen sie in moderner Technologie die Möglichkeit, Wirtschaftlichkeitsreserven zu heben, andererseits spielt die Digitalisierung eine wichtige Rolle bei der Herstellung von Kundenexzellenz auf allen Kontaktkanälen. Neben den klassischen Kanälen „Geschäftsstelle" und „Telefon" gewinnen dabei die sogenannten Onlineservices gerade für die jüngeren Versicherten immer mehr an Bedeutung. Zusammengefasst kann man daher sagen, dass die Anforderungen an die Multikanalfähigkeiten der Kassen in den nächsten Jahren weiter zunehmen werden. Allein schon aus der Perspektive des Kundenbeziehungsmanagements benötig die moderne Krankenkasse künftig ein umfassendes und flexibles Multikanalkonzept!

Voraussetzung dafür ist – und das ist keineswegs banal – eine umfassende, kassenindividuelle Digitalisierungsstrategie, bei der alle kundennahen Prozesse betrachtet und ggf. grundsätzlich hinterfragt werden sollten. Ein schwerwiegender Fehler, der in der Praxis immer wieder vorkommt, besteht darin, althergebrachte Prozesse grundsätzlich unangetastet zu lassen in der Hoffnung, dass der alte Prozess durch die Digitalisierung auch qualitativ besser wird. Aber Achtung: Auch ein beschleunigter „alter" Prozess hebt dessen eventuelle fundamentale Leistungsdefizite nicht auf! Anders ausgedrückt: Ein schlechter Prozess, den man lediglich digitalisiert, kann letztlich nur ein schlechter digitaler Prozess werden!

In der Praxis hat sich eine ganzheitlich ausbalancierte Herangehensweise bewährt, die sich an der Methodik des HRM-Managementkonzeptes anlehnt (Schaaf 2005). Dabei spielen insbesondere vier „Stellhebel der Digitalisierung" (Abbildung 1) gleichgewichtig eine besondere Rolle:

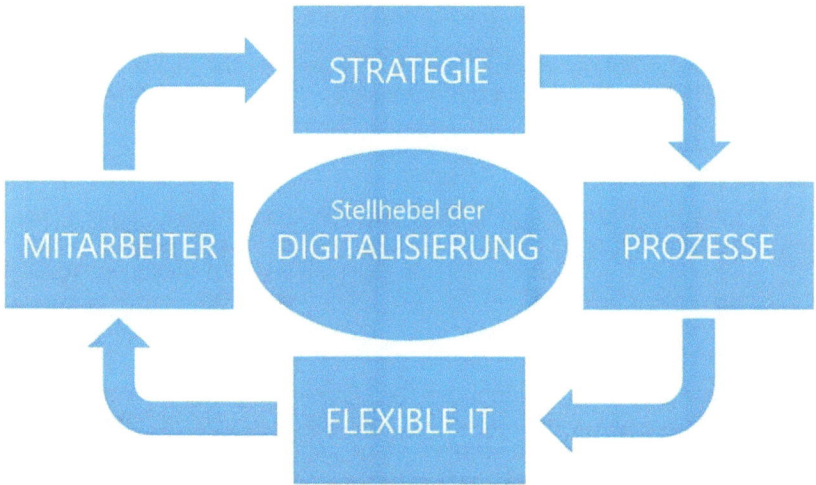

Abb. 1: Die vier Stellhebel der Digitalisierung.
Quelle: Keim/Schaaf/Schreiber 2018, S. 149.

Die nähere Betrachtung dieser vier Stellhebel hilft dabei, die Herausforderung „Digitalisierung" zu strukturieren und ein besseres Verständnis für die kassenindividuellen Ziele und Herausforderungen zu bekommen. In einem ersten Schritt empfiehlt sich die Beantwortung einiger wichtiger Fragen aus der Perspektive der einzelnen Stellhebel (Keim 2016):

Stellhebel „Strategie":
- „Welche Ziele wollen/müssen wir als Kasse mit der Digitalisierung erreichen?", „Welche Herausforderungen sehen wir kurz-, mittel-, und langfristig?" etc.

Stellhebel „Prozesse":
- „Welche Prozesse sind veraltet und wie können neue, bessere Prozesse aussehen?", „Welche komplett neuen Prozesse spielen künftig eine Rolle?", „Wie sollen sich die digitalen von den analogen Prozessen unterscheiden?" etc.

Stellhebel „Flexible IT":
- „Kennen wir alle bestehenden IT-Lösungen die geeignet sind, um unsere Strategie zu unterstützen?", „Wie soll IT uns unterstützen?", „Welche Anforderungen muss die IT-Lösung erfüllen, um unseren Anforderungen gerecht zu werden?" etc.

Stellhebel „Mitarbeiter":
- „Verfügen wir über ausreichende digitale und prozessuale Kompetenz?", „Welche Unterstützung brauchen die Mitarbeiter, um unsere digitale Strategie umsetzen zu können?", „Wie können wir unsere Mitarbeiter entlasten, damit sie die Zeit für eine bestmögliche Kundenbetreuung haben?" etc.

Wie nachfolgende Abbildung zeigt, sollten sich die möglichen Antworten immer an dem Ziel der Kunden- und Serviceexzellenz orientieren:

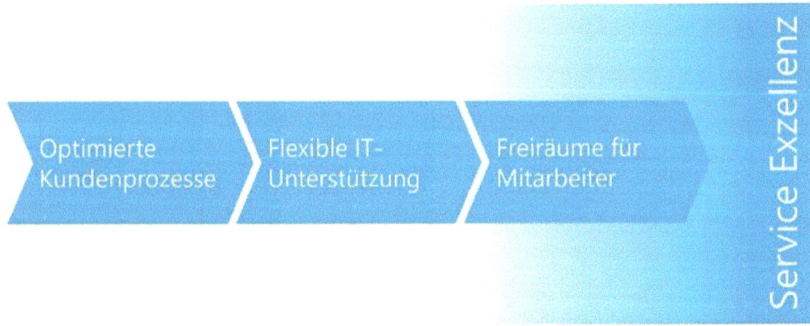

Abb. 2: Kunden- und Serviceexzellenz.
Quelle: Keim/Schaaf/Schreiber 2018, S. 150.

4.2 Digitale Prozesse sind vernetzte Prozesse

Von entscheidender Bedeutung ist, dass neue, digitale Prozesse immer als umfassende unternehmensübergreifende Prozesse verstanden werden. Am Beispiel der modernen Bürokommunikation wird dies besonders deutlich:

Die Bürokommunikation in der digitalen Welt ist keine abgeschottete Angelegenheit, bei der es alleine um das Endprodukt „Ausgang eines Briefes" geht. Digitalisierte Bürokommunikation ist eng verknüpft mit dem Customer Relationship Management-System (CRM-System) der Krankenkasse und den damit unterstützten Kundenkontaktkanälen einschließlich der damit verbundenen Regelwerke, fachlichen Prüfungen und sonstigen Prüflogiken. Das schließt selbstverständlich auch die bisher eher gesondert betrachteten Dokumentenmanagementsystem-Themen (DMS) mit ein (Abbildung 3). Moderne Bürokommunikation wird damit zu einem wesentlichen Element von Serviceexzellenz und unterstützt dabei durch die CRM-Anbindung zugleich die Rundumsicht auf den Kunden!

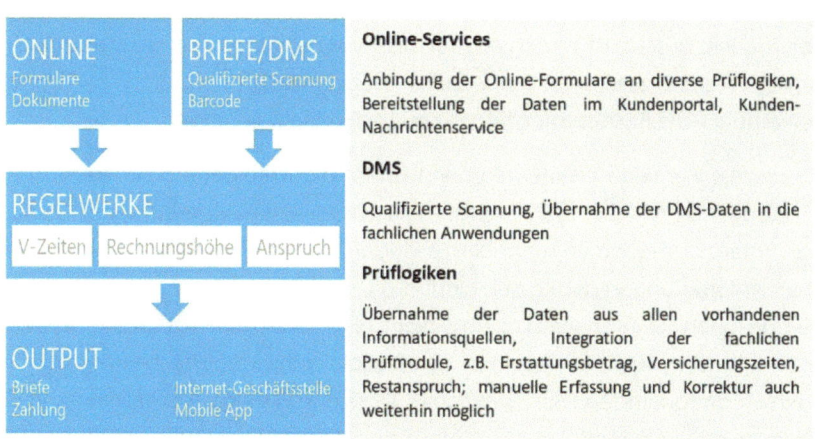

Abb. 3: Prozesslogik einer modernen Bürokommunikationslösung wie INTRACON:bk in Verbindung mit dem CRM-System (im obigen Beispiel mit INTRACON:kv). Quelle: Keim/Schaaf/Schreiber 2018, S. 150.

Durch die unmittelbare Anbindung an die CRM relevanten Prozesse und Kanäle, einschließlich der Onlinekanäle, wird Bürokommunikation in der digitalen Kassenwelt zu einem Multikanalthema, das nahezu jeden Arbeitsplatz und jede kundenrelevante Informationsquelle tangiert. Moderne CRM-Systeme wie INTRACON:kv sind auf diese Weise direkt mit den Anwendungen der klassischen Sachbearbeitung verbunden. Der Vorteil, der erst durch die Digitalisierung möglich wird, liegt auf der Hand: Die Anwendungslandschaft wird deutlich verschlankt und effizienter, weil alle kundennahen und CRM-relevanten Anwendungen friktionsfrei miteinander verzahnt sind.

4.3 Digitale Veränderung beginnt analog

Anders als häufig suggeriert, verfügen die Kassen bereits über große Digitalisierungserfahrung. Gerade mit der Entwicklung und Einführung ihrer Basissysteme haben die Kassen in den letzten Jahren einen Quantensprung im Bereich der technologischen Unterstützung von analogen Kernprozessen gemacht. Allerdings ist die derzeitige technologische Entwicklung so rasant, dass nun völlig neue Modelle der Kundeninteraktion möglich werden. Unabhängig davon, wird es auch künftig notwendig sein, die vielfältigen Möglichkeiten, die den Kassen zur Verfügung stehen, nicht vom Ende aus – sprich von der Technik aus – zu betrachten, sondern vom Anfang. Und da steht auch künftig Prozessexzellenz an erster Stelle. Erst dann folgt – allerdings zwingend notwendig – die Prozessunterstützung durch flexible IT-Lösungen.

Für prozessorientierte IT-Unternehmen besteht die Anforderung vor allem darin, zusammen mit den Krankenkassen Lösungen zu entwickeln, die einerseits das Potenzial moderner Technologie heben und andererseits die tatsächlichen Anforderungen der Kassen nicht aus dem Auge verlieren. Schließlich gilt gerade auch für Technologie, dass nicht alles „was geht" auch tatsächlich sinnvoll ist. Ein wichtiger Aspekt in der Digitalisierungsdebatte besteht daher auch im andauernden Dialog zwischen Krankenkasse und IT-Dienstleister und der gegenseitigen digitalen Kompetenz zwischen Krankenkasse und IT-Dienstleister. Die Digitalisierung sollte insofern auch unmittelbare Auswirkungen auf die Art und Weise haben, wie moderne Lösungen entwickelt werden.

5 Fazit

Die Digitalisierung im Gesundheitswesen wirkt auf die Akteure in unterschiedlicher Weise. Während die tatsächliche Revolution auf der Seite von Diagnostik und Therapie stattfindet, führt die Digitalisierung bei den Kostenträgern zu einer umfassenden Veränderung der Prozesse und Organisation. Kernziel ist es, die Verwaltungsabläufe schlanker, schneller und effizienter zu machen.

Wie dargelegt, sprechen gute Gründe dafür, dass die Rolle der Krankenkassen als aktiver Part im Zusammenhang mit Versorgungsprogrammen eher zurückgehen wird. Die moderne Krankenkasse von morgen entwickelt sich, so die These des Autors, zu einem umfassend digitalisierten Dienstleistungsunternehmen im Sinne einer klassischen Versicherung. Die Konzentration auf schnelle Genehmigungs- und Abrechnungsprozesse sowie auf die Fähigkeit einer umfassenden Aufklärung und Beratung der Versicherten auf allen denkbaren Kundenkommunikationskanälen entscheidet künftig über den Erfolg im Wettbewerb.

Unabhängig davon macht die Schärfung der Rollen von Leistungserbringern und Kostenträgern für Versicherte und Patienten hochgradig Sinn, weil nur so sichergestellt werden kann, dass uns die neuen Möglichkeiten in Diagnostik und Therapie auch möglichst schnell – durch digitalisierte Genehmigungs- und Abrechnungsprozesse – zu Gute kommen.

6 Literatur

Baas, J. (2018): TK stellt elektronische Gesundheitsakte TK-Safe und Studie „Digitale Gesundheitskompetenz" vor. Pressestatement vom 24. April 2018. https://www.tk.de/ (Zugriff 20.06.2018).

Kade-Lamprecht, E./Sander, M. (2017): Auf der Customer Journey zur Krankenkasse der Zukunft. In: Welt der Krankenversicherung 1/17: 7-12.

Keim, V. (2016): Digitalisierung beginnt analog. In: itsc@work 2/16. https://www.itsc.de/ (26.06.2018).

Keim, V./Schaaf, M./ Schreiber, J. (2018): Auf dem Weg zum modernen Versicherungsunternehmen. In: Welt der Krankenversicherung 6/18: 144-150.

Keim, V./Schaaf, M./Schreiber, J. (2014): Schnelligkeit, Individualität und Unabhängigkeit: Voraussetzungen für erfolgreiche GKV-IT-Strategien. In: Welt der Krankenversicherung 7-8/14: S. 169-173.

Müller, M. (2017): App auf Rezept. In: Der Spiegel. Heft 29/2017.

Sander, M./Schaaf, M. (2010): Versorgungsmanagement und IT im Gesundheitswesen. Whitepaper. Nonnenhorn.

Schaaf, M. (2005): HealthCare Relationship Management – Kundenbeziehungsmanagement und Leistungssteuerung in der Krankenversicherung. Sankt Augustin.

Schulz, Th. (2017): Computer gegen Krebs. In: Der Spiegel. Heft 45/2017.

Vorberg, S. (2018): Der umstrittene Kampf des BVA gegen Gesundheits-Apps. In: Welt der Krankenversicherung 1/18: 334-336.

Heinrich Hanika

Digitalisierung, Big Data und Big To-dos im Gesundheitswesen aus rechtlicher Sicht

1. Einschlägige Rechts- und Themengebiete
2. Datenschutz- und Datensicherheitsrecht
3. Prüffragen und Beratung der Aufsichtsbehörden
4. Datenschutz-Audit nach der DSGVO
5. Zertifizierungsfragen sowie Datenschutzsiegel und -prüfzeichen
6. Informationssicherheitsprozess und Zertifizierung
7. Big Data for Healthcare
8. Digitalisierung der Arbeitswelt
9. To-dos
10. Literatur

Stichwörter: Digitalisierung, Datenschutz- und Datensicherheitsrecht, Aufsichtsbehörden, Datenschutz-Audit nach der DSGVO, Big Data for Healthcare, Digitalisierung der Arbeitswelt, To-dos

Zusammenfassung:

Das Bundesgesundheitsministerium teilte bereits 2016 mit: „Big-Data-Anwendungen müssen Patienten echten Nutzen bringen – Datenschutz steht dabei an erster Stelle" (BMG 2016).

Der Verfasser erläutert die zahlreichen Thematiken von Digitalisierung und Big Data im Gesundheitswesen. Dieser Artikel stellt einschlägige Rechts- und Themengebiete von Digitalisierung, Big Data und den daraus resultierenden Big-To-dos vor.

Selbstverständlich gibt es keinen Königsweg in die Digitalisierung. Jedoch sollten sich alle Akteure und Verantwortliche im Gesundheitswesen unverzüglich und kritisch den in dem Artikel aufgeworfenen Handlungskonzepten, Strategien und beschriebenen To-dos stellen.

1 Einschlägige Rechts- und Themengebiete[1]

Für den Megatrend der Digitalisierung sind insbesondere folgende einschlägige Rechts- und Themengebiete zu beachten (Vertiefend und weiterführend aus: Hanika 2018, S. 1ff. mit weiteren Nachweisen):

- Zivilrecht/Eigentumsrecht an Daten,
- Urheberrecht und Strafrecht,
- Lauterkeitsrecht (Schutz von Betriebs- und Geschäftsgeheimnissen),

Entwicklung eines neuen Datengesetzes,

- Europäische Datenschutz-Grundverordnung (DSGVO) und Compliance,
- Datenmarktplätze, Social Media, Soziale Netzwerke im Lichte von Big Data,
- Netzwerkdurchsetzungsgesetz (NetzDG),
- Europäische Datenschutz-Grundverordnung (DSGVO) und Cloud Computing sowie Big Data,

---

[1] Der Beitrag basiert auf einem Vortrag des Autors Prof. Dr. iur Heinrich Hanika mit dem Titel: „Digitalisierung und Big Data im Gesundheitswesen aus rechtlicher Sicht" an der Hochschule Ludwigshafen, 14. Gesundheitsökonomische Gespräche zur „Gesundheitsversorgung in Zeiten von Big Data", 2017. Dieser Artikel stellt eine allgemeine unverbindliche Information dar. Die Inhalte spiegeln die Auffassung von Prof. Dr. H. Hanika im Zeitpunkt des Vortrages (Stand: 20.10.2017 sowie aktuell 14.02.2018) wider. Digitalisierung, Big Data Thematiken, Gesundheits-, Medizinrecht sowie IuK-Recht unterliegen einem raschen und fortwährenden Wandel, so dass alle Ausführungen immer nur dem Wissensstand zum Zeitpunkt der Ausführungen entsprechen können. Obwohl die Informationen mit großer Sorgfalt erstellt wurden, besteht kein Anspruch auf und keinerlei Gewähr für sachliche Richtigkeit, Vollständigkeit, Korrektheit, Qualität und/oder Aktualität. Insbesondere kann dieser Artikel nicht den besonderen Umständen des Einzelfalles Rechnung tragen. Eine Verwendung liegt daher in der eigenen Verantwortung des Nutzers. Dieser Artikel stellt auch keine Rechtsberatung dar. Haftungsansprüche gegen den Verfasser, die sich auf Schäden materieller oder immaterieller Art beziehen, welche durch die Nutzung oder Nichtnutzung der dargebotenen Informationen bzw. durch die Nutzung fehlerhafter oder unvollständiger Informationen verursacht wurden, sind grundsätzlich ausgeschlossen. Es wird empfohlen, die vorliegenden Ausführungen im Einzelfall auf den jeweiligen Stand der Rechtsentwicklung hin zu überprüfen.

- Verarbeitung von Gesundheitsdaten und anderer Kategorien von besonders sensitiven Daten,
- Haftung und Recht auf Schadensersatz, Rechtsbehelfe, Sanktionen,
- Datenschutzaufsicht,
- Zertifizierte IT-Sicherheit,
- E-Privacy-Verordnung,
- Gesetz zur Anpassung des Datenschutzrechts an die Verordnung (EU) 2016/679 und zur Umsetzung der Richtlinie (EU) 2016/680 (Datenschutz-Anpassungs- und Umsetzungsgesetz EU – DSAnpUG-EU),
- Mobile Health, Apps und Medizinprodukterecht,
- Künstliche Intelligenz, Robotik und autonome Systeme,
- IT-Sicherheitsgesetz,
- Steuerrecht,
- Blockchain-Anwendungen im Gesundheitswesen,
- Steuerrecht,
- Ethische Aspekte von Big Data und Datensouveränität.

Weitere Sonderregelungen finden sich in:

Europäische Grundrechtecharta (EUGRCh), Grundgesetz (GG), Bundesdatenschutzgesetz und Datenschutzgesetze der Länder, bereichspezifische Regelungen, wie z.B. MBO-Ä, SGB I, SGB V, SGB X, SGB XI, Krankenhausgesetze, Gesundheitsdienstgesetze, Krebsregistergesetze, GenDG, InfSchG, AMG ...

2 Datenschutz- und Datensicherheitsrecht

Akteure und Verantwortliche im Gesundheitswesen sind erheblich gefordert, um Konformität mit dem neuen Datenschutzrecht zu erreichen!

Hierbei geht um Technik und Organisation, um Dokumentation und unternehmensinterne Richtlinien, um Transparenz und um die grundlegenden Prinzipien des neuen Datenschutzrechts, denn:

- Ab dem 25. Mai 2018 gilt die neue EU Datenschutz-Grundverordnung (DSGVO) unmittelbar in allen Mitgliedstaaten. Die DSGVO enthält 99 Artikel (50 Artikel, die das materielle Datenschutzrecht regeln und 49 Artikel, die mehrheitlich organisatorische Fragen der Datenschutzaufsicht, der Regelungskompetenzen und weitere formelle Themen regeln) sowie 173 Erwägungsgründe.

- Die DSGVO hat das erklärte Ziel, dem Datenschutz in der Praxis deutlich mehr Geltung zu verschaffen: Datenschutzverstöße sind ab dem 25. Mai 2018 keine „Kavaliersdelikte" mehr. Es drohen Geldbußen bis zu 20 Mio Euro bzw. 4 % des weltweiten Jahresumsatzes eines Unternehmens! Anwendungsvorrang des Europäischen Rechts!

- Dieser drastisch erweiterte Bußgeldrahmen erhöht massiv den Compliance-Druck. Der Datenschutz nimmt ab sofort den Spitzenplatz unter den Compliance-Themen ein!

- E-Privacy-Verordnung
  Die Datenschutzgrundverordnung (DSGVO) regelt den generellen Umgang mit Daten. Die E-Privacy-Verordnung soll dieses Regelwerk im Hinblick auf die elektronische Kommunikation ergänzen. Eigentlich geht es bei der E-Privacy-Verordnung um die private Kommunikation der Bürger. Doch beinhaltet die Kommunikation konkret auch alle anderen Dienste – vom Surfen über das Shoppen bis hin zum Spielen und hat das Potential, die digitale Werbewelt radikal zu disruptiven Prozessen zu führen (Pellikan 2017).

- Der deutsche Gesetzgeber hat zudem zur teilweisen Umsetzung der DSGVO ein Gesetz zur Anpassung des Datenschutzrechts an die Verordnung (EU) 2016/679 und zur Umsetzung der Richtlinie (EU) 2016/680 (Datenschutz-Anpassungs- und Umsetzungsgesetz EU – DSAnpUG) erlassen.

Hierbei sind folgende Thematiken zu betrachten

- *Die eigene Datenwelt verstehen*
  Das Unternehmen sollte Maßnahmen ergreifen, um sich ein klares Verständnis hinsichtlich ihrer eigenen Datenwelt zu verschaffen. Es ist beispielsweise wichtig zu wissen, welche Arten von personenbezogenen Daten erfasst werden, wie und von wem diese gesammelt werden, wo die Daten gespeichert werden, was damit gemacht wird, wer damit interagiert, die Gründe für die Verarbeitung, die Speicherungsdauer sowie die Gründe für die Speicherung oder Löschung von Daten und inwiefern diese Praktiken die bevorstehenden regulatorischen Verpflichtungen nach der EU DSGVO und anderen gesetzlichen Anforderungen erfüllen.

- *Planung und Kommunikation*
  Planung und Kommunikation sind wesentlicher Teil einer erfolgreichen Governance Strategie. Die Schlüsselpersonen (typischerweise IT-, Datenschutz-, Rechts-, Complianceexperten, Geschäfts- sowie Personalabteilungen, die sich mit personenbezogenen Daten befassen) zu gemeinsamen Gesprächen einzuladen, um ein Daten-Mapping (Beschreibung der einrichtungsspezifischen Datentypen, der technischen Infrastruktur und der Speicherlösungen etc.) zu erstellen.

- *Beständige und nachhaltige Beobachtung*
  Eine nur unregelmäßige Überwachung der personenbezogenen Daten genügt nicht mehr den neuen Anforderungen. Kontinuierlich verschiebt sich das *Mapping der personenbezogenen Datenlandschaft*. Daher muss ein proaktiver und fortlaufender Ansatz für das Gebiet der Information Governance sicherstellen, dass das Unternehmen bereit ist, mit zukünftigen Entwicklungen und Verschiebungen umzugehen (Bonney 2017, S. 69f.).

Jedes Unternehmen (privat wie öffentlich) sollte insbesondere mit den folgenden *neun wichtigsten Compliance-Themen* vertraut sein. Diese stellen entscheidende Eckpunkte zu den neuen komplexen Herausforderungen dar.

Dringend zu beachtende Regelungsbeispiele der DSGVO hierzu sind (Härting 2016, S. 1ff. mit weiteren Nachweisen; Kühling/Buchner 2017; Gola 2017):

Bestellung eines betrieblichen Datenschutzbeauftragten (intern oder/und extern)

- Der Datenschutzbeauftragte muss ordnungsgemäß und frühzeitig in alle mit dem Schutz personenbezogener Daten zusammenhängenden Fragen eingebunden werden.
- Betroffene Personen können den Datenschutzbeauftragten zu Rate ziehen.
- Zu den verpflichtenden Aufgaben des Datenschutzbeauftragten zählen insbesondere die Sensibilisierung und Schulung der an den Verarbeitungsvorgängen beteiligten Mitarbeiter und der diesbezüglichen Überprüfungen;
- Anders als nach bisherigem Recht wird der Datenschutzbeauftragte zum zentralen Ansprechpartner der Aufsichtsbehörden!

Dokumentation und Folgenabschätzung

- Jeder Verantwortliche und gegebenenfalls sein Vertreter führen ein *Verzeichnis aller Verarbeitungstätigkeiten*, die ihrer Zuständigkeit unterliegen.
- Jeder Auftragsverarbeiter und gegebenenfalls sein Vertreter führen ein *Verzeichnis zu allen Kategorien* von im Auftrag eines Verantwortlichen durchgeführten Tätigkeiten der Verarbeitung. Diese Regelung ist neu! *Auch der Auftragsverarbeiter ist nunmehr zur Führung des Verzeichnisses verpflichtet.*
- Kommt ein Verfahren der Datenverarbeitung zum Einsatz, welches mit einem „hohen Risiko" für die Betroffenen verbunden ist, muss nach Art. 35 DSGVO eine *Datenschutz-Folgenabschätzung vorgenommen werden. Art. 9 DSGVO: Sensitive Daten*, z.B. Daten über Gesundheit, genetische, biometrische Daten, ...

- Überprüfung der möglichen Folgen der Datenverarbeitungsvorgänge für den Einzelnen, um anschließend risikominimierende Abhilfemaßnahmen zu implementieren!

Wer eine verpflichtende Datenschutz-Folgenabschätzung versäumt oder die zuständige Aufsichtsbehörde entgegen Art. 36 DSGVO nicht konsultiert, riskiert gem. Art. 83 Abs. 4 lit. a DSGVO ein *Bußgeld von bis zu 10 Mio. Euro bzw. 2% des gesamten weltweiten Jahresumsatz.*

Im Ergebnis wird man daher jedem Unternehmen raten müssen, nicht nur eine Datenschutz-Folgenabschätzung vorzunehmen, sondern auch eine Abstimmung mit der Aufsichtsbehörde herbeizuführen!

Informationspflichten und Transparenz

- Die *Informationspflichten* bei Erhebung von personenbezogenen Daten bei der betroffenen Personen (Art. 13 DSGVO) sowie für den Fall, dass personenbezogene Daten nicht bei den betroffenen Personen erhoben werden (Art. 14 DSGVO) vervielfachen sich mit Inkrafttreten der DSGVO. *Dies hat zwingend zur Folge, dass alle Datenschutzerklärungen bis zum Inkrafttreten der DSGVO neu übergearbeitet und erweitert werden müssen.*

Allgemeine Datenschutzprinzipien und „risikobasierter Ansatz"

- In Art. 5 DSGVO finden auch sich *zahlreiche neue Datenschutzprinzipien*: Rechtmäßigkeit, Verarbeitung nach Treu und Glauben, Transparenz, Zweckbindung, Datenminimierung, Richtigkeit, Speicherbegrenzung, Integrität und Vertraulichkeit. Aus den Datenschutzprinzipien lassen sich *Leitlinien für den betrieblichen Datenschutz erstellen.*

Technische und organisatorische Maßnahmen

- Der Verantwortliche und der Auftragsverarbeiter haben geeignete technische und organisatorische Maßnahmen zu treffen, *um ein dem Risiko angemessenes Schutzniveau zu gewährleisten.*

Diese Maßnahmen schließen gem. Art. 32 DSGVO unter anderem Folgendes ein:

- Die Pseudonymisierung und Verschlüsselung personenbezogener Daten; die Fähigkeit, die Vertraulichkeit, Integrität, Verfügbarkeit und Belastbarkeit der Systeme und Dienste im Zusammenhang mit der Verarbeitung auf Dauer sicherzustellen; die Fähigkeit, die Verfügbarkeit der personenbezogenen Daten und den Zugang zu ihnen bei einem physischen oder technischen Zwischenfall rasch wiederherzustellen; ein Verfahren zur regelmäßigen Überprüfung, Bewertung und Evaluierung der Wirksamkeit der technischen und organisatorischen Maßnahmen zur Gewährleistung der Sicherheit der Verarbeitung.
- Die Einhaltung der geforderten technischen und organisatorischem Maßnahmen gem. Art. 32 DSGVO gehört zu den Prüfkriterien, die die zuständige Aufsichtsbehörde bei der Höhe etwaig zu verhängender Geldbußen berücksichtigen wird.

Eine rechtstreue Beachtung der datenschutzrechtlichen Vorgaben wird im Falle einer Datenpanne o. ä. zu maßgeblichen Erleichterung bei den allfällig drohenden hohen Bußgeldern beitragen können.

Meldepflichten bei Datenpannen gegenüber der Aufsichtsbehörde und gegenüber den Betroffenen

- Der Verantwortliche *dokumentiert etwaige Verletzungen des Schutzes personenbezogener Daten* einschließlich aller im Zusammenhang mit der Verletzung des Schutzes personenbezogener Daten stehenden Fakten, von deren Auswirkungen und der ergriffenen *Abhilfemaßnahmen*. *Diese Dokumentation muss der Aufsichtsbehörde die Überprüfung der Einhaltung der Bestimmungen dieses Artikels ermöglichen.*
- Hat die Verletzung des Schutzes personenbezogener Daten voraussichtlich ein hohes Risiko für die persönlichen Rechte und Freiheiten natürlicher Personen zur Folge, so benachrichtigt der Verantwortliche die betroffene Person unverzüglich von der Verletzung.

Datentransfer in Drittstaaten

Hier gilt es mehrere *komplexe Regelungsvorgaben* zu beachten, wie Datenübermittlung auf der Grundlage eines Angemessenheitsbeschlusses gem. Art. 45 DSGVO/Datenübermittlung vorbehaltlich geeigneter Garantien/Bindig Corporate Rules/Einzelgenehmigung durch die zuständige Aufsichtsbehörde/Ausnahmen für bestimmte Fälle

Territorialer Anwendungsbereich der DSGVO

Die DSGVO erhebt gem. Art. 3 Abs. 1 und 2 einen *umfassenden Geltungsanspruch* für sämtliche Datenverarbeitungsprozesse, die sich auf personenbezogene Daten europäischer Bürger beziehen.

Gegenüber dem bisherigen Recht werden auch außerhalb der EU niedergelassene Verantwortliche und Datenverarbeiter einbezogen! Marktortprinzip! Damit fallen ein Großteil von Internetangeboten und insb. der Bereich des E-Commerce unter die DSGVO!

Haftung und Recht auf Schadensersatz, Rechtsbehelfe, Sanktionen

Entsprechende strenge Regelungen finden sich in Art. 77-83 DSGVO (Siehe zu alledem: Härtig 2016; Kühling/Buchner 2017; Gola 2017).

Datenschutz ist aus rechtlicher Sicht originäre Aufgabe des Vorstandes/der Geschäftsführung (Art. 5 Abs. 2 EU DSGVO). Das Unternehmen ist verantwortlich für die Einhaltung der Datenschutzgrundsätze.

12 Schritte, mit denen sich der Vorstand/die Geschäftsführung beschäftigen muss, sind (Auszug aus: Kranig/Sachs/Gierschmann 2017, S. 207ff.):

1. „Compliance mit der EU-Datenschutz-Grundverordnung ist Chefsache.
2. Interdisziplinäres Team zusammenstellen.
3. Das Unternehmen muss sich mit der Datenschutz-Grundverordnung vertraut machen.
4. Bestandsaufnahme der Dokumente, Prozesse, Organisationsstrukturen.
5. Überarbeitung des Verzeichnisses der Verarbeitungstätigkeiten.
   Das Verzeichnis ist der Aufsichtsbehörde auf Nachfrage vorzulegen und

kann als Anknüpfungspunkt für weitere aufsichtsbehördliche Untersuchungen dienen. Das Verzeichnis enthält wesentliche für die Steuerung der Datenverarbeitung notwendige Angaben (u.a. welche Daten von wem zu welchem Zweck wie und durch wen verarbeitet werden und an wen und wohin weitergeleitet werden).

6. Überprüfung der Rechtsgrundlagen für die Verarbeitung.
7. Überprüfung der Informations- und Mitteilungspflichten. .

Unternehmen, die personenbezogene Daten verarbeiten, müssen zum einen die betroffenen Personen umfassend informieren, u.a. warum sie Daten erheben und welche Rechte die betroffenen Personen haben. Zum anderen müssen die Unternehmen den betroffenen Personen die Ausübung ihrer Rechte ermöglichen (z.B. Rechte auf Auskunft, Löschung und Berichtigung etc.).

8. Überprüfung der technischen und organisatorischen Maßnahmen.
9. Überprüfung der Auftragsdatenverarbeitung.
10. Überprüfung der Übermittlung in Drittländer.
11. Datenschutz prozessorientiert und risikoorientiert betrachten.

Die Anforderungen der DSGVO an Unternehmen, insbesondere die Rechenschaftspflicht, erfordern es, dass Datenschutz als *dauerhafter Managementprozess* verstanden wird (Planung, Durchführung, Bewertung, kontinuierliche Verbesserung). Außerdem verfolgt die Datenschutz-Grundverordnung insofern einen *risikobasierten Ansatz*, als die erforderlichen Maßnahmen, die ein Unternehmen ergreifen muss, von der Einstufung des Risikos für die Rechte und Freiheiten der betroffenen Personen abhängen. *Die Einstufung erfolgt dabei in die drei Kategorien: kein Risiko, Risiko oder hohes Risiko.*

12. Die zuständige Aufsichtsbehörde konsultieren.

Hilfreich ist ein offener Dialog zwischen Unternehmen und zuständiger Aufsichtsbehörde. Die Unternehmen sollten deshalb den Austausch und die *proaktive Problemlösung mit der Aufsichtsbehörde nicht scheuen. Schließlich haben Aufsichtsbehörden auch eine beratende Funktion."*

3 Prüffragen und Beratung der Aufsichtsbehörden

Nachfolgenden Prüffragen geben eine erste Orientierung dazu, welche Fragen eine Aufsichtsbehörde zur Überprüfung der Einhaltung der DSGVO (anlasslos!) stellen und worauf Verantwortliche den Prüffokus konzentrieren könnte *(Kranig/Sachs/Gierschmann 2017, S. 192ff.; Bayerisches Landesamt für Datenschutzaufsicht 2018)*:

Maßnahmen zur Datenschutzstruktur (Corporate Governance)

- Gibt es im Unternehmen ein nachvollziehbares Bewusstsein bezüglich der datenschutzrechtlichen Anforderungen?
- Sind die notwendigen strukturellen Rahmenbedingungen zur Beachtung des Datenschutzes geschaffen?
- Gibt es im Unternehmen einen Prozess, im Rahmen dessen auf die Nachhaltigkeit der Datenschutzstruktur im Unternehmen geschaut wird?
- Wird sichergestellt, dass die im Rahmen der Strukturbewertung erkannten Mängel auch tatsächlich behoben werden?

Maßnahmen zur Datenverarbeitung

- Wurden vor Durchführung der Datenverarbeitung die Vorschriften der DSGVO berücksichtigt, die geeigneten technischen und organisatorischen Maßnahmen geplant und angemessen dokumentiert?
- Wurde die Datenverarbeitung gem. der Planung implementiert (einschl. Mitarbeiterschulung und Zuweisung von Verantwortlichkeiten)?
- Wie stellt das Unternehmen die Wirksamkeit der geeigneten technischen und organisatorischen Maßnahmen sicher?
- Wurden festgestellte Missstände oder Schwachstellen zur Sicherstellung behoben und deren Behebung auf ihre Wirksamkeit hin überprüft?

Maßnahmen zur Sicherstellung der Betroffenenrechte sowie Maßnahmen zur Handhabung von Datenschutzverletzungen (Kranig/Sachs/Gierschmann 2017, S. 192ff.; Bayerisches Landesamt für Datenschutzaufsicht 2018):

Beratung durch Aufsichtsbehörden

Neben den Kernaufgaben der Aufsichtsbehörden, wie der Überwachung und Durchsetzung der Anwendung dieser Verordnung einschl. spezifischer Untersuchungs- und Prüfungsaktivitäten stellt eine weitere wichtige Aufgabe die Beratung (Art. 57 Abs. 1 lit. b-e und l DSGVO) von

- Betroffenen
- Verantwortlichen und
- Auftragsverarbeitern

dar.

Diese Beratungspflichten sollten ohne Scheu in Anspruch genommen werden. I.d.R. sind die Behörden sehr offen für entsprechend qualifizierte Anfragen und eine notwendige konstruktive Zusammenarbeit.

Neben der Akkreditierung gehört auch die Erteilung von Zertifizierungen und die Billigung der Kriterien für die Zertifizierung gem. Art. 58 Abs. 3 lit. f DSGVO zu den Genehmigungsbefugnissen der Aufsichtsbehörden. Die Anforderungen und Verfahren müssen derart ausgestaltet sein, dass Zertifizierungen auch von kleinen und mittleren Unternehmen in der Praxis genutzt werden können.

4 Datenschutz-Audit nach der DSGVO

Mit der Datenschutz-Grundverordnung VO (EU) 2016/679 steigt die Selbstverantwortung der Unternehmen im Datenschutz erheblich.

Die Erfüllung der vielfältigen Rechenschaftspflichten ist gem. Art. 24 Abs. 3 DSGVO durch den Verantwortlichen nachzuweisen, insbesondere durch genehmigte Verhaltensregeln (Art. 40 DSGVO) oder Zertifizierungsverfahren sowie Datenschutzsiegeln und -prüfzeichen (Art. 42 DSGVO).

Falls die Rechenschafts- und Nachweispflichten nicht erbracht werden können, droht das hohe Haftungs- und Sanktionsregime der DSGVO.

Jedoch kann die Einhaltung genehmigter Verhaltensregeln oder von Zertifizierungsverfahren gem. Art. 83 Abs. 2 DSGVO bei der etwaigen Verhängung von Geldbußen und deren Höhe gebührend berücksichtigt werden, so dass Datenschutz-Audits gem. Art. 40 und 42 DSGVO Haftungsrisiken deutlich minimieren können (Karper 2016).

Audits lassen sich in zwei Kategorien einteilen:
1. Interne Audits werden i.d.R. von den eigenen Mitarbeitern eines Unternehmens, wie z.B. dem Datenschutzbeauftragten durchgeführt. Hierbei ist es auch möglich, externe Berater für diese Aufgabe zusätzlich heranzuziehen, wenn entweder der spezifische Sachverstand bei einem konkreten Prüfszenario nicht ausreichend ist oder die Personalkapazitäten erweitert werden sollen.

2. Externe Audits werden im Auftrag der Geschäftsführung eines Unternehmens vergeben und von Personen außerhalb der Organisation durchgeführt.

Je nach dem Ziel der Auditierung sind unterschiedliche Audittypen vorhanden, die auch bei der Auditierung des Datenschutzes angewandt werden können: Prozessaudit/Verfahrensaudit/Produktaudit/Systemaudit (Weiterführend: Kranig/Sachs/Gierschmann 2017, S. 146ff.; ISO 19011:2011-12. Leitfaden zur Auditierung von Managementsystemen (ISO 19011:2011).

Durch sachkundige Personen durchgeführte Datenschutz-Audits können einen Nachweis für die Einhaltung der Anforderungen aus der DSGVO geben.

5 Zertifizierungsfragen sowie Datenschutzsiegel und -prüfzeichen

Art. 42 der DSGVO und der Erwägungsgrund Nr. 100 sehen die Einführung von Zertifizierungsverfahren sowie Datenschutzsiegeln und -prüfzeichen vor, um somit die Transparenz zu erhöhen und die Einhaltung der DSGVO zu verbessern. Damit soll den betroffenen Personen ein rascher Überblick über das Datenschutzniveau einschlägiger Produkte und Dienstleistungen ermöglicht werden.

Die DSGVO gibt keine konkreten Vorgaben zum Ablauf einer Zertifizierung vor. Denkbar wäre jedoch ein entsprechendes Vorgehen für akkreditierte Zertifizierungsstellen wie bei der ISO 17021.[2] Dort sind Anforderungen an die Zertifizierungsstelle und Vorgaben hinsichtlich des Zertifizierungsverfahrens enthalten.

Diese Anforderungen und Vorgaben sind für alle eingeübten ISO-Managementsysteme (z. B. für Qualitätsmanagement ISO 9001:2015, Informationssicherheit ISO 27001:2013 und Compliance-Management ISO 19600:2014) identisch und bieten daher die Möglichkeit zur Nutzung von Synergien (Kranig/Sachs/Gierschmann 2017, S. 160).

6 Informationssicherheitsprozess und Zertifizierung

Das Bundesamt für Sicherheit in der Informationstechnik (BSI) bietet verschiedene Standards an. Diese enthalten Empfehlungen zu Methoden, Prozessen und Verfahren sowie Vorgehensweisen und Maßnahmen mit Bezug zur Informationssicherheit.

Das BSI greift dabei Themenbereiche auf, die von grundsätzlicher Bedeutung für die Informationssicherheit in Behörden oder Unternehmen sind und für die

---

[2] ISO/IEC 17021-1; 2015-11, Konformitätsbewertung – Anforderungen an Stellen, die Managementsysteme auditieren und zertifizieren – Teil 1: Anforderungen ISO/IEC 17021-1; 2015.

sich national oder international sinnvolle und zweckmäßige Herangehensweisen etabliert haben.

IT-Grundschutz-Standards BSI o. J.:

- BSI-Standard 100-1: Managementsysteme für Informationssicherheit ISMS).
- BSI-Standard 100-2: IT-Grundschutz-Vorgehensweise.
- BSI-Standard 100-3: Risikoanalyse auf der Basis von IT-Grundschutz.
- BSI-Standard 100-4: Notfallmanagement.

Das Bundesamt für Sicherheit in der Informationstechnik(BSI) bietet seit Januar 2006 (!) die ISO 27001-Zertifizierung auf der Basis von IT-Grundschutz an BSI 2012, S. 74 f.)

Hierüber kann nachgewiesen werden, dass in einem Informationsverbund die wesentlichen Anforderungen nach ISO 27001 unter Anwendung der

- IT-Grundschutz-Vorgehensweise (BSI-Standard 100-2)
  und gegebenenfalls einer ergänzenden
- Risikoanalyse (BSI-Standard 100-3).

umgesetzt wurden.

7 Big Data for Healtcare

Zu den Themenfeldern Big Data, Gesundheit und Datenschutz finden sich beispielsweise verschiedene Einschätzungen und Schlagwörter wieder:

- „Das neue Zeitalter von Big Data erschafft die größte Überwachungsmaschine, die es jemals gab." (Schirrmacher 2013)
- „Deutschland ist in eine Datenschutz-Hysterie verfallen. Dabei tun Daten viel Gutes." (Bernau 2014)
- „Digital oder tot! Alle heute nicht digitalisierten Vorgänge werden in den nächsten Jahren verschwinden." (PwC 2014)

- „Vom Homo sapiens zum Homo digitalis." (IHK Pfalz 2017)
- „Bism@rck geht online." (Hanika 2004, S. 149ff.)

Big Data – darunter versteht man die Erfassung, Speicherung, Suche, Verteilung, statistische Analyse und Visualisierung von großen Datenmengen. Dies ist gerade in der Gesundheitswirtschaft höchst relevant, denn die Menge digitaler Informationen wächst exponentiell. Bei einem Krankenhausaufenthalt entsteht heute eine Datenmenge, die rund 12 Mio. Romanen entspricht. Dies sind Dimensionen, die ohne IT-Technologie nicht mehr bewältigt werden können.

Big Data ist der „Rohstoff des 21. Jahrhunderts" und wird – auch in der Medizin – die Welt vielleicht mehr verändern, als wir bisher verstehen und wünschen oder wahrhaben wollen (Langkafel 2014).

McKinsey Global Institute: Durch den Einsatz von Big Data wären allein im US-amerikanischen Gesundheitswesen Effizienz- und Qualitätssteigerungen im Wert von ca. 222 Mrd. EUR und für den gesamten öffentlichen Sektor in Europa von jährlich 250 Mrd. EUR möglich (Wiss. Dienste des Dutschen Bundestags 2013, S. 2).

Big Data mit Gesundheitsdaten steht hohen verfassungsrechtlichen Anforderungen gegenüber.

Ausgangspunkt stellt das Volkszählungsurteil des BVerfG vom 15.12.1983 dar. (Urteil v. 15. Dezember 1983, Az. 1 BvR 209, 269, 362, 420, 440, 484/83). Dort wurden die Prinzipien des Datenschutzes und der Zweckbindung verfassungsrechtlich verankert.

Durch Anonymisierung und Pseudonymisierung sowie durch gesetzlich abgesicherte technisch-organisatorische, prozessuale Vorgaben können hiernach eine rechtsstaatliche Absicherung und zugleich ein hoher medizinischer Erkenntnisgewinn erreicht werden.

Big Data ist im Bereich des Health Care rechtsstaatlich und grundrechtskonform möglich! (Weichert 2014, S. 831ff.).

Gesundheitsdaten sind persönlichkeitsrechtlich von hoher Sensibilität. Zu diesem Schutz existiert auch eine Vielzahl von regulativen Rechtsquellen.

Wichtig für das Fortschreiten von Big Data im Bereich des Health Care ist die zu gewinnende Akzeptanz der Bevölkerung. Etwaige nicht konsentierte, heimliche und/oder zweckwidrige Nutzungen von Daten aus dem höchstpersönlichen Gesundheitsbereich beeinträchtigen generell die persönliche Entfaltung und dies oft in existentiellen Lebensbereichen wie Berufstätigkeit, Familie oder Sexualität.

Bereits jetzt können nach dem Datenschutzrecht Entwürfe für *Verhaltensregeln* zur Förderung der Durchführung von datenschutzrechtlichen Regelungen der *zuständigen Aufsichtsbehörde* unterbreitet werden. Ebenso ist z.B. bei Erforschung und Entwicklung von *Standart Operation Procedures*, von *Best Practices* sowie *freiwilligen Audits* viel möglich (Weichert 2014, S. 831ff.).

Ärzte, Apotheken, Krankenhäuser, Psychologen, Heil- und Pflegedienste werden in absehbarer Zeit über die elektronische Gesundheitskarte (eGK), § 291 a SGB V, durch die Telematik-Infrastruktur miteinander elektronisch vernetzt sein.

Ergiebige Datenquellen fallen regelmäßig an, z.B. bei

- Abrechnungsverfahren der kassen(zahn-)ärztlichen Vereinigungen (§ 77ff. SGB V).
- Abrechnungsverfahren der Gesundheits- und Pflegekassen (§ 284 SGB V, § 94 SGB XI).
- Abrechnungsverfahren der privaten Krankenversicherungen und den Hausarztverbänden (§73b SGB V).
- Medizinischen Diensten (§§ 275ff. SGB V).
- Wirtschaftlichkeitskontrollen (§ 106ff. SGB V).
- Qualitätssicherung (§§135ff., 299 SGB V).
- Disease Management Programmen (§ 137f. SGB V).
- Programme der Integrierten Versorgung (§ 140aff. SGB V).
- Apothekenrechenzentren (§ 300 SGB V).

Big-Data-Analysen mit Anonymisierung/Pseudonymen auf gesetzlicher Grundlage mit prozessualen sowie technisch-organisatorischen Sicherungen finden sich bereits heute im SGB V, z. B.:

- Wahrnehmung der Aufgaben der Datentransparenz (§ 303 aff. SGB V),
- Krebsregisterrecht.

Siehe auch: Vertragliche Festlegung d. Bewertungsmaßstäbe (§ 87 SGB V), Weitergabe an Apothekenrechenzentren (§ 300 II SGB V), Forschung (§§ 67c SGB V, 75 SGB X, 98 SGB XI), RSA-Weiterentwicklung (§ 268 SGB V) (Weichert 2014, S. 831 ff.).

Im deutschen Sozialrecht bestehen viele spezifische Regelungen zum Datenschutz. Die DSGVO eröffnet die Möglichkeit (Art. 6 Abs. 2 und 3 i. V. m. Abs. 1 UAbs. 1 Buchst. e), auch in Zukunft bereichsspezifische Regelungen festzulegen.

Die deutsche Gesetzgebung hat zwischenzeitlich Vorschriften des SGB I[3] sowie SGB X an die DS-GVO angepasst (Held 2017, S. 43). Darüber hinaus müssen weitere Anpassungen (z. B. im SGB V und SGB XI[4]) vorgenommen werden BayLfD 2017, S. 1 f.). Diese erforderlichen Änderungen sollen durch ein geplantes Zweiten Datenschutz-Anpassungsgesetz erfolgen; siehe hierzu derzeit den Entwurf eines Zweiten Gesetzes zur Anpassung des Datenschutzrechts an die Verordnung (EU) 2016/679 und zur Umsetzung der Richtlinie (EU) 2016/680 (DSGVO).

Eine entsprechende Öffnungsklausel der DSGVO könnte ggf. in § 284 SGB V geregelt werden. Der Gesetzgeber räumt demnach den Krankenkassen im Rahmen des gesetzlichen Auftrags Befugnisse ein, Sozialdaten für Zwecke der Krankenversicherung zu erheben, zu speichern und zu nutzen. Der Gesetzgeber konkretisiert hierin die Erlaubnistatbestände für zentrale Aufgabenstellungen der Krankenkassen. Es stellt sich jedoch die Frage, ob die aktuelle katalogartige Aufzählung im Hinblick auf die stetigen Ausweitungen der ge-

---

[3] Das Erste Buch Sozialgesetzbuch – Allgemeiner Teil – (Artikel I des Gesetzes vom 11. Dezember 1975, BGBl. I S. 3015), das zuletzt durch Artikel 5 des Gesetzes vom 14. August 2017 (BGBl. I S. 3214) geändert worden ist.

[4] Das Elfte Buch Sozialgesetzbuch – Soziale Pflegeversicherung – (Artikel 1 des Gesetzes vom 26. Mai 1994, BGBl. I S. 1014, 1015), das durch Artikel 9 des Gesetzes vom 18. Juli 2017 (BGBl. I S. 2757) geändert worden ist.

setzlichen Aufgaben der Krankenkassen und in Folge des Digitalisierungstrends im Gesundheitswesen noch ausreichend sind (Held 2017, S. 43).

Weitere Regelungen können die Big Data-Nutzung legitimieren. Beispielhaft können hier weitere folgende Rechtsgrundlagen genannt werden:

- Datenerhebung, -verarbeitung und -nutzung für Zwecke der Qualitätssicherung nach § 299 SGB V,
- Versorgungsforschung nach § 287 SGB V,
- Wirtschaftlichkeitsprüfungen nach § 106ff. SGB V,
- Versorgungsmanagement nach § 11 Abs. 4 SGB V (i. V. m. § 137 f SGB V) und
- Nutzung med. Daten nach § 275 SGB V.

Zudem stellt sich das E-Health-Gesetz v. 21.12.2015[5] vorteilhaft dar, insbesondere wegen einheitlicher Normen und Infrastrukturen zur Verarbeitung und Nutzung von Gesundheitsdaten.

8 Digitalisierung der Arbeitswelt

Der Bitkom-Präsident sieht in der Digitalisierung der Arbeitswelt die *„spannendste Phase der Wirtschaftsgeschichte"*.[6]

Big Data mit all seinen Facetten muss jedoch von allen Akteuren (Kunden, Mitarbeitern, Unternehmensleitung) akzeptiert werden (IBM Institute for Business Value 2012; Lünendonk 2013).

Die Digitalisierung der Arbeitswelt bringt zentrale Herausforderung für

- Führungskräfte/Spezialisten der IT und der Methodik,
- die Beschäftigten und

---

[5] Gesetz für sichere digitale Kommunikation und Anwendungen im Gesundheitswesen sowie zur Änderung weiterer Gesetze vom 21.12.2015, Bundesgesetzblatt Jahrgang 2015 Teil I Nr. 54, ausgegeben am 28.12.2015, S. 2408.

[6] FAZ vom 02.06.2015, S. 22.

- Heilberufe, Kliniken, Pflegeeinrichtungen, Kranken- sowie Pflegekassen

mit sich.

Hierzu zählen Standardisierung und Harmonisierung von Prozessen und Daten/ Beschleunigung von Prozessen und Reduktion von Komplexität/höhere Transparenz und verbesserte Datenanalyse/schnellere Bearbeitung, bei gleichzeitiger Steigerung der Qualität/Effektivitäts- und Effizienzsteigerungen/Kostenreduktion, Produktion und Vermarktung von Produkten und Dienstleistungen etc.

9 To-dos

Selbstverständlich gibt es keinen Königsweg in die Digitalisierung. Folgende Punkte sind nach Varnhagen zu beachten (Varnhagen 2016):

- Die Transformation (Übergang) kann auch mit einer geeigneten digitalen Infrastruktur nur dann erfolgreich und nachhaltig sein, wenn sie auf einer stimmigen Governance (Unternehmensführung, Aufbau- und Ablauforganisation) aufbaut.
- Der Erfolg der Transformation ist stark von einer kohärenten Steuerung von der Spitze des Unternehmens nach unten (Top-down) abhängig.
- Organisatorische Silos müssen an einem gemeinsamen Ziel ausgerichtet werden. Gerade die Trennung von Geschäfts- und IT-Funktionen kann sich als K.O.-Kriterium erweisen.
- Es müssen eindeutige Rollen und Zuständigkeiten für die digitalen Initiativen definiert werden!
- Chief Digital Officer, der die digitalen Initiativen koordiniert.
- Frühzeitige Pilotprojekte sind entscheidend für den Erkenntnisgewinn.
- Während des Chance-Prozesses benötigt insb. das mittlere und untere Management Unterstützung, da diese am engsten mit den Mitarbeitern zusammenarbeiten.
- VISION für die digitale Zukunft muss erarbeitet werden.

Gute Ansätze der Strategie finden sich z. B. bei der Allianz 4.0 zur Revolution in der Assekuranz (Petsmeier 2016, S. 15):

- Immer mehr Menschen kaufen ihre Versicherungen im Internet.
- Online-Absatz hat sich in Deutschland in den letzten 10 Jahren vervierfacht.
- Geschäftsmodelle neu erfinden/nicht nur Prozesse automatisieren/vom Kunden/Versicherten her denken.
- Digitale Versicherungsordner zum Überblick/Vermittlung von Policen über Apps auf dem Smartphone.
- Konkurrenz entsteht durch neue Online-Gesellschaften.
- Junge Mitarbeiter der Allianz entwickeln neue Produkte – abseits von starren Konzernhierarchien.
- AllianzX = Spezialeinheit mit Zielrichtung „das Leben von Kunden erleichtern und verbesssern" = vergleichbar Start-up-Unternehmen.
- Mehr digitale Dienstleistungen, z. B. Apps mit denen Schadensfälle bearbeitet werden (Hanika: Online-Geschäftsstellen, Videoanimationen, mHealth etc.).
- Experten: Versicherungskonzernen bleiben max. 5, evtl. nur 3 Jahre, um in der digitalen Welt anzukommen!

Alle Akteure und Verantwortliche im Gesundheitswesen sollten sich unverzüglich und kritisch folgenden Fragen und To-dos stellen:

- Big Data Strategie?!
- Big Data und Handlungskonzept?!
- Kommunikation über Social-Media?!
- Angebot internetbasierter Customer Self-Service-Lösungen im Kundenbeziehungsmanagement als neuer Ansatz zur Kundenbindung?!
- Online Beratungs- und Geschäftsstellen?!
- Wie sieht die Qualifikation der MitarbeiterInnen im Jahre 2020 aus?! (Auswahl-, Aus- Fort- und Weiterbildungsmaßnahmen?!)

- Zukunftssichernde Investitionen?!
  Infrastruktur und Technologieauswahl: Big Data benötigt u.a. Speicher- und Rechenkapazitäten. Um sich auf Big Data und Big Data Analyse vorzubereiten sind Investitionen in Soft- und Hardware Lösungen erforderlich
- Rechtssichere Umsetzung?!
- INTERDISZIPLINÄRES KOMPETENZTEAM ?!,
  bestehend z.B. aus Data Scientists, Controllern, IT-Spezialisten, Mathematikern, Compliance-Beauftragten, Fachanwälten, Gesundheitsökonomen, betrieblichen Datenschutzbeauftragten, Datenschutzaufsichtsbehörden etc.)

10 Literatur

Diesem Artikel liegt insbesondere folgende einschlägige Literatur zu Grunde:

Bayerisches Landesamt für Datenschutzaufsicht (2017): Fragebogen zur Umsetzung der DS-GVO zum 25. Mai 2018. (Online) https://www.lda.bayern.de/media/dsgvo_fragebogen.pdf (14.02. 2018).

Bernau, P. (2014): Gegen die Datenschutz-Hysterie: Sammelt mehr Daten! FAZ vom 03.03.2014.

Bonney, M. (2017): Bereit für die Datenschutz-Grundverordnung? In: KU Gesundheitsmanagement. 5/2017: 69ff.

BMG – Bundesministerium für Gesundheit (2016): Presseerklärung vom 8. November 2016. (Online) https://www.bundesgesundheitsministerium.de/presse/pressemitteilungen/2016/4-quartal/big-data-anwendungen.html. (14.02.2018).

BSI – Bundesamt für Sicherheit in der Informationstechnik (2012): Leitfaden Informationssicherheit. Bonn. (Online) https://www.bsi.bund.de/SharedDocs/Downloads/DE/BSI/Grundschutz/Leitfaden/GS-Leitfaden_pdf.pdf?__blob=publicationFile (14.02.2018).

BSI – Bundesamt für Sicherheit in der Informationstechnik (o.J.): Themen/ ITGrundschutz/BSI Standards. (Online) https://www.bsi.bund.de/DE/Themen/ITGrundschutz/ITGrundschutzStandards/ITGrundschutzStandards_node.html (14.02.2018).

Gola, P. (2017): DS-GVO Datenschutz-Grundverordnung VO (EU) 2016/679, Kommentar. München.

Härting, N. (2016): Datenschutz-Grundverordnung. Köln.

Hanika, H. (2018): Digitalisierung und Big Data im Universum des Rechts – Zur guten digitalen Ordnung am Beispiel der Gesundheitswirtschaft. 2018.

Hanika, H. (2017): Digitalisierung, Big Data, Analytics und Smart Data im Gesundheitswesen – Die Datafizierung unseres Lebens. In: PflegeRecht. S. 414-420 (1.Teil) und S. 487-495 (2. Teil).

Hanika, H. (2004): Bism@rck geht online. In: MedizinRecht. 22(3): 149-156.

Held, M. (2017): Big Data – der digitale Wandel im Gesundheitswesen. Unveröffentlichte Abschlussarbeit an der Hochschule Ludwigshfen am Rhein.

Hoeren, Th. (2014): Big Data und Recht. München.

Hoeren, Th./Kolany-Raiser, B. (2016): Big Data zwischen Kausalität und Korrelation – Wirtschaftliche und rechtliche Fragen der Digitalisierung 4.0. Berlin.

IBM Institute for Business Value (2012): Analytics: Big Data in der Praxis. Bericht in Zusammenarbeit mit Said Business School Universität Oxford. IBM Corporation.

IHK Pfalz (Hrsg.) (2017): Wirtschaftsmagazin Pfalz. 6/2017: 22.

Karper, I. (2016): Datenschutzsiegel und Zertifizierungen nach der DSGVO. In: PinG Privace in Germany. 5/2016: 4 Seiten. (Online) https://www.pingdigital.de/PinG.05.2016.201 (14.02.2018).

Kranig, Th./Sachs, A./Gierschmann, M. (2017): Datenschutz-Compliance nach der DS-GVO. Köln.

Kühling, J./Buchner, B. (2017): DS-GVO Datenschutz-Grundverordnung, Kommentar. München.

Langkafel, P. (Hrsg.) (2014): Big Data in Medizin und Gesundheitswirtschaft. Heidelberg.

Lünendonk GmbH (Hrsg.)(2013): Big Data bei Krankenversicherungen – Bewältigung der Datenmengen in einem veränderten Gesundheitswesen. Trendpapier. Kaufbeuren.

Pachinger, M./Beham, G. (Hrsg.) (2016): Datenschutz-Audit, Recht-Organisation-Prozess-IT. Der Praxisleitfaden zur Datenschutz-Grundverordnung. Wien.

Peitsmeier, H. (2016): Allianz 4.0. FAZ. September 2016.

Pellikan, L. (2017): Der aktuelle Stand der ePrivacy-Verordnung. Stand 15.12.2017. (Online) https://www.wuv.de/digital/der_aktuelle_stand_der_eprivacy_verordnung (14.02.2018).

PwC (2014): Digital oder tot! FAZ vom 15.10.2014, S. 20.

Roßnagel, A./Geminn, Ch./Jandt, S./Richter, P. (2016): Datenschutzrecht 2016 – „Smart" genug für die Zukunft? Kassel.

Schirrmacher, F. (2013): Im Zeitalter von Big Data: Wir wollen nicht. FAZ vom 26.08.2013.

Varnhagen, V., in: Knop, C (2016): Digitalisierung ist für Berater ein Segen. FAZ vom 13.09.2016, S. 21.

Weichert, Th. (2014): Big Data, Gesundheit und der Datenschutz. In: Datenschutz und Datensicherheit. 38(12): 831-838.

Wissenschaftliche Dienste des Deutschen Bundestags (2013): Big Data, Aktueller Begriff. Nr. 7/2013 vom 6. November 2013. S. 2. Zit. nach Langkafel, P. (2015): Auf dem Weg zum Dr. Algorithmus? Potenziale von Big Data in der Medizin. In: Aus Politik und Zeitgeschichte. 06.03.205. (Online) http://www.bpb.de/apuz/202246/dr-algorithmus-big-data-in-der-medizin?p=all (14.02.2018).

Weitere Literatur und vertiefende Hinweise können beim Verfasser angefordert werden.

Autoren/Herausgeber

Autoren

Günter Danner, M.A. PhD

Stellvertretender Direktor der Europavertretung der Deutschen Sozialversicherung, Brüssel und Persönlicher Referent des Vorstands der Techniker Krankenkasse, Hamburg.

Dr. Stefan Edinger

Stellvertretender Leiter Strategische Unternehmensentwicklung AOK Rheinland-Pfalz/Saarland – Die Gesundheitskasse. Dr. Stefan Edinger hat an den Universitäten Mannheim und Waterloo, Kanada, studiert und 2007 seinen Abschluss als Diplom-Technischer-Informatiker gemacht. Im Anschluss promovierte er an den Universitäten Mannheim und Karlsruhe zu einem Thema der Nachrichtentechnik zum Dr.-Ing.

Nach Stationen in der Strategischen Unternehmensberatung und der Beratung von Krankenhäusern ist er seit 2015 bei der AOK Rheinland-Pfalz/Saarland tätig. Seit 2017 bearbeitet er in der Strategischen Unternehmensentwicklung u. a. die Themen Versorgungs- und IT-Innovation und Data Science.

Prof. Dr. Heinrich Hanika

Professor für Wirtschaftsrecht und Recht der Europäischen Union an der Hochschule Ludwigshafen am Rhein. Seine Forschungsschwerpunkte sowie zahlreiche Publikationen und Vorträge befassen sich insbesondere mit folgenden Themenfeldern (www.h-hanika.eu):

- Digitalisierung, Big Data, Analytics und Recht.
- Datenschutz- und Datensicherheitsrecht.
- Internetrecht, IuK-Recht.
- Internationales Recht, Europa- und Wirtschaftsrecht.

Er verfügt über eine breite Projekt- und Gutachtenserfahrung sowie über ein umfangreiches Netzwerk im Hochschulbereich und in der (Gesundheits-)Wirtschaft.

Karl Poerschke

Karl Poerschke ist Projektmanager bei Strategy&, der Strategieberatung von PwC. Als Teil des Digital Health Teams berät er Kunden aus dem Gesundheitswesen bei der gemeinsamen Erarbeitung von Digitalisierungsstrategien und in der Umsetzung komplexer digitaler Transformationsprojekte.

Michael Schaaf, Dipl. Verwaltungswirt

Seit 2010 Geschäftsführer bei hc:VISION, Düsseldorf, einem Beratungs- und Technologieunternehmen mit Schwerpunkt auf HealthCare Relationship Management. Michael Schaaf hat in Berlin und Bielefeld Verwaltungs- und Gesundheitswissenschaften studiert und verfügt über langjährige Berufserfahrung in verschiedenen Fach- und Führungsfunktionen bei der Techniker Krankenkasse. Nach der TK hat er mehrere Jahre bei internationalen Beratungs- und Industrieunternehmen in herausgehobenen Funktionen gearbeitet. Michael Schaaf ist Autor zahlreicher Veröffentlichungen und wurde 2005 mit dem SAP Sales-Award für die Entwicklung und erfolgreiche Implementierung des HealthCare Relationship Management-Konzeptes ausgezeichnet. Seit 2011 ist er Lehrbeauftragter an der Hochschule Ludwigshafen.

Matthias Waack, Dipl.-Mathematiker

Matthias Waack hat an der Universität Leipzig studiert und 2010 seinen Abschluss als Diplom-Mathematiker gemacht. Anschließend hat er mehrere Jahre am Mathematischen Institut der Universität Leipzig gelehrt und geforscht. Im Rahmen dieser Tätigkeit erlangte er Expertenwissen unter anderem im Bereich der mathematischen Grundlagen der Elliptischen-Kurven-Kryptographie.

Mit der Edkimo GmbH hat er eine Feedback-App für Lehrveranstaltungen an Bildungseinrichtungen maßgeblich mitentwickelt. Seit Juni 2016 arbeitet er als Projektmanager im Team Analytik für die Gesundheitsforen Leizpiz GmbH. Dort leitet er seit Anfang 2017 die User Group ‚Analytik in der Krankenversicherung' und beschäftigt sich hauptsächlich mit Data-Mining-Verfahren und Methoden.

Herausgeber

Prof. Dr. rer.pol. Manfred Erbsland

Manfred Erbsland studierte Volkswirtschaftslehre, Ökonometrie und Statistik an der Universität Mannheim: Abschluss Diplom-Volkswirt. Nach der Promotion an der Universität Mannheim wechselte er an das Zentrum für Europäische Wirtschaftsforschung in Mannheim. Von September 1998 bis Januar 2003 war er Professor für Volkswirtschaftslehre, Ökonometrie und Statistik an der Hochschule Neubrandenburg. Seit Februar 2003 ist er Professor für Gesundheitsökonomie und Gesundheitspolitik am Fachbereich Management, Controlling, HealthCare der Hochschule Ludwigshafen am Rhein. Die Forschungsschwerpunkte von Manfred Erbsland sind: Demografische Entwicklung und die Auswirkungen auf die sozialen Sicherungssysteme, Gesundheitsökonomie sowie angewandte Ökonometrie und Statistik.

Prof. Dr. rer. pol. Eveline Häusler

Eveline Häusler studierte Betriebswirtschaftslehre an den Universitäten Passau und Mannheim mit dem Abschluss Diplom-Kauffrau. Promotion an der Universität Mannheim. Seit 2001 Professorin für Management und Controlling im Gesundheitsbereich am Fachbereich Management, Controlling, HealthCare der Hochschule Ludwigshafen am Rhein. Zuvor berufliche Tätigkeit in einer Landeskrankenhausgesellschaft und als Verwaltungsdirektorin eines Krankenhauses. Als Initiatorin und wissenschaftliche Leiterin der Gesundheitsökonomischen Gespräche an der Hochschule Ludwigshafen am Rhein will sie den Austausch zwischen Gesundheitswesenpraxis und Hochschule fördern. Die Interessenschwerpunkte liegen in den Bereichen Management von Krankenhäusern, Krankenkassen und Integrierten Versorgungsanbietern, ethischen Fragen sowie Internationalisierung im Gesundheitsbereich.

Printed by Libri Plureos GmbH
in Hamburg, Germany